Solange Manfredi

ATTACCO E CONQUISTA

La guerra normativa

Con un contributo di Maurizio Montalto

L'accaparramento delle fonti d'acqua italiane

Solange Manfredi, giurista, fa parte della Società Italiana di Intelligence ed ha pubblicato: Psyops (2014); Il Golpe Borghese (2014); Cia e nazisti uniti per destabilizzare l'Italia (2014); Il Sistema (2015); Depistaggi (2015); La guerra occulta (2016).

Ringrazio l'avv. Maurizio Montalto per il suo importante contributo al libro e Antonella Bartoli, che mi ha fornito preziosi suggerimenti per la stesura finale.

ISBN: 978-1-716-09824-6
Prima edizione marzo 2021

Illustrazione di copertina
Incisione di Gustave Doré alla Divina Commedia di Dante Alighieri. Canto XXVI dell'Inferno, la bolgia dei «consiglieri di frode», così appellati perché posero la loro intelligenza non al servizio della verità, ma della frode e dell'inganno.

A Ettore

INDICE

Rispuose a me: «Là dentro si martira
Ulisse e Diomede, e così insieme
a la vendetta vanno, come a l'ira;
e dentro da la lor fiamma si geme
l'agguato del caval che fe' la porta
onde uscì de' Romani il gentil seme.

Dante, Inferno, CANTO XXVI

Introduzione

"*Timeo Danaos et dona ferentes*"

Virgilio, Eneide II, 49

Era arrivato come un dono. La lunga, lunghissima e logorante guerra finalmente era finita. Un gigantesco cavallo di legno, offerta agli Dei, era davanti alle mura di Troia. Se accettato avrebbe portato pace e prosperità, se rifiutato sciagura e persecuzione.

Cassadra e Laoconte[1] invitarono i troiani a non fidarsi, cercarono di avvertirli del pericolo che si celava nel "dono", ma il popolo, stanco e desideroso di pace, preferì credere alle menzogne del greco Sinone e, per permettere l'ingresso nella città del cavallo di legno, aprì una breccia nelle mura che per tanto tempo l'avevano protetta dall'assedio dei greci.

La trappola era scattata, e mentre la popolazione festeggiava e sognava, nella notte, non visti, i soldati uscirono dal ventre del cavallo e, uccise le guardie, aprirono le porte di Troia ai compagni nascosti fuori dalle mura.

Fu l'inizio del massacro. I troiani, colti di sorpresa, disperati e confusi, cercarono con tutti i mezzi a disposizione di difendersi, senza successo. Il paese venne conquistato con l'inganno e, conclusa la strage, i greci si divisero il bottino.

Il 9 novembre 1989 il muro di Berlino cade e, poco dopo, l'URSS si dissolve. La guerra fredda tra le due super potenze è finita e il mondo festeggia. Moderni cavalli di Troia, offerta ai nuovi Dei del libero mercato, vengono proposti al mondo. Se accettati promettono

---

[1] Eneide, libro II, vv. 40-50: "Sciagurati cittadini, quale così grande follia? O stimate alcun dono dei Danai privo d'inganni? Così conoscete Ulisse? O chiusi in questo legno si tengono nascosti Achei, o questa macchina è fabbricata a danno delle nostre mura, per spiare le case e sorprendere dall'alto la città, o cela un'altra insidia: Troiani, non credete al cavallo. Di qualunque cosa si tratti, ho timore dei Danai anche se recano doni".

di combattere la povertà, ridurre le diseguaglianze e portare pace e prosperità. Odierni Cassandra e Laoconte[2] avvertono del pericolo che si cela in quella proposta - «il laissez-faire non ha fondamenti scientifici e conduce a risultati socialmente rovinosi»[3] - ma il popolo, stanco, preferisce credere alle menzogne di una pervasiva propaganda e molti Stati, anche in comparti strategici, abbattono i muri (le politiche economiche) che li avevano protetti in nome del libero mercato. La trappola è scattata ed ha inizio la conquista.

Il tempo passa, ma alcune strategie di inganno e manipolazione, attacco e conquista non cambiano, quello che cambia sono il campo di battaglia e la tecnologia utilizzata.

E, infatti, nulla è cambiato dagli stratagemmi usati dai greci per conquistare Troia narrati da Virgilio. Oggi i cavalli di troia, per superare le linee nemiche e penetrare sin nel cuore del paese da conquistare, sono le imprese. Presentate come un dono, una volta inserite nel tessuto economico del Paese, dal loro ventre esce un esercito che inizia a costruire presidi nelle comunità locali annientando le piccole imprese che non riescono a competere, determinando prezzi, salari, modelli di consumo, il benessere e la povertà dei singoli, il destino di interi quartieri, città e nazioni, così distruggendo dall'interno l'intero tessuto sociale. "Quando le aziende chiudono, quando il campo di battaglia è disseminato di fabbriche in disuso, quando la disoccupazione aumenta, quando il tenore di vita scende, quando appare la miseria, il disastro non assomiglia alle conseguenze di una guerra non meno spietata della guerra?"[4]

---

[2] Tra i tanti, Paul Samuelson, premio Nobel per l'economia, in *Wherein Do the European and American Models Differ*? Banca d'Italia, Temi di discussione del Servizio studi, n. 320, Roma, 1997. Il francese Maurice Allais, premio Nobel per l'economia, in *La Mondialisation. La Destruction des Emplois et de la Croissance. L'Évidence Empirique, Éditions.* Clément Juglar, Paris, 1999.

[3] Michel Aglietta, Giorgio Lunghini, *Sul capitalismo contemporaneo*. Bollati Boringhieri, 2001, pg. 102.

[4] Bernard Esambert, *La Guerre économique mondiale*. Plon, 1990. Edizione del Kindle.

La Terza guerra mondiale

"Nessuna violenza supera quella che ha aspetti silenziosi e freddi"

Giuseppe Ungaretti

Con la caduta del muro di Berlino, il crollo dell'Impero sovietico e la fine della guerra fredda, si apre una straordinaria possibilità: il mondo avrebbe potuto finalmente destinare parte delle risorse, fino ad allora riservate alla corsa agli armamenti, a risolvere problemi come l'inquinamento, la giustizia sociale, la povertà interna agli stati ed internazionale.[5]

Ma tutto ciò, purtroppo, non avviene. Anzi.

Il primo a svelare al mondo che il crollo del muro di Berlino, lungi dall'aprire un periodo di pace e prosperità, in realtà segnava l'inizio della Terza guerra mondiale, fu il consigliere del presidente francese Georges Pompidou, Bernard Esambert che, nel 1990, pubblicava il libro dal titolo, *La Guerre économique mondiale.*[6]

Nel suo saggio Esambert evidenziava come nella Terza guerra mondiale la guerra tradizionale non sarebbe scomparsa completamente ma, "riservata alle potenze di piccole e medie dimensioni", si sarebbe trasformata in uno "slittino" per ricavare enormi profitti, "non un fine in sé."[7]

Nei paesi più sviluppati, invece, ove un conflitto armato non pare opportuno, la guerra sarebbe stata combattuta non più da solo da Stati, ma da oligarchie private la cui arma principale non

---

[5] Cfr. Luigi Zoja, *Storia dell'arroganza. Psicologia e limiti dello sviluppo*. Moretti & Vitali, 2003.

[6] Esambert, 1990.

[7] Ibidem.

sarebbe stata l'esercito, ma le imprese e le multinazionali che, nel ruolo di "truppe", avrebbero avuto il compito di penetrare nei territori "nemici" e avanzare, utilizzando la stessa tecnica della Grande Armata di Napoleone, reclutando mercenari sul posto.

Oggi, a distanza di 30 anni, possiamo dire che Esambert aveva ragione.

Nel 1991, le potenze occidentali organizzano, contro l'Iraq che aveva illegalmente invaso il Kuwait, una delle più imponenti spedizioni militari della storia umana.[8] È l'inizio di una *escalation* di conflitti armati[9] caratterizzati da una brutalità, illegalità[10] inaccettabili, in cui si assiste ad un uso sistematico della tortura, e di armi illegali di distruzione di massa che colpiscono le popolazioni civili in maniera indiscriminata;[11] ad un costante ricorso alle già usate, e abusate, tecniche di guerra psicologica,[12] alla voluta distruzione delle infrastrutture del paese nemico per

---

[8] Danilo Zolo, *La giustizia dei vincitori: Da Norimberga a Baghdad.* Laterza, 2015. Edizione del Kindle. "La guerra voluta da George Bush padre è stata una delle più grandi spedizioni militari di tutti i tempi ed ha provocato non meno di 150.000 vittime, non solo irachene ma anche palestinesi, giordane, sudanesi ed egiziane... Nel corso dei 42 giorni di bombardamenti è stata utilizzata una quantità di esplosivo superiore a quella usata dagli Alleati durante l'intera Seconda guerra mondiale. Dopo la sconfitta, l'Iraq è stato sottoposto dai vincitori, con l'assenso delle Nazioni Unite, a pesanti sanzioni economiche e territoriali che hanno prodotto altre centinaia di migliaia di vittime fra la popolazione civile".

[9] Cfr. Fabio Mini, *Che guerra sarà.* Il Mulino, 2017. Edizione del Kindle.

[10] Luigi Ferrajoli, *Guerra e terrorismo internazionale. Un'analisi del linguaggio politico*, in Fedele Ruggeri e Vincenzo Ruggero, a cura di, AA.VV. *Potere e violenza. Guerra, terrorismo e diritti.* Franco Angeli Editore, (Il punto), 2019. Edizione del Kindle. "Il diritto internazionale vigente e il principio della pace, che ne è la norma fondamentale, non sono semplicemente violati. Essi sono apertamente negati, in nome di una nuova legittimità politica che pretende di imporsi come giuridica. In questo senso, come è stato detto, queste guerre sono al tempo stesso eversive del vecchio ordine e costituenti di un nuovo ordine internazionale: un ordine opposto al primo, perché basato sulla guerra come strumento di governo del mondo e di soluzione delle controversie internazionali".

[11] Tra queste le fuel-air explosives, le daisy-cutter, le bombe al fosforo bianco, le cluster bombs o, ancora, bombe all'uranio impoverito (depleted uranium).

[12] Cfr. Jonathan Glover, Humanity, *Una storia morale del ventesimo secolo.* Il Saggiatore, 2002; Fabio Mini, *Perché siamo così ipocriti sulla guerra. Un generale della NATO racconta.* Chiarelettere, 2012. Edizioni del Kindle.

prolungarne, anche dopo il conflitto, agonia e morte[13] per poi frodare sugli aiuti internazionali, guadagnare sulla ricostruzione ed assicurare lo sfruttamento delle risorse da parte delle proprie multinazionali[14] o, ancora, garantirsi il controllo della zona di interesse attraverso una riedizione moderna dei protettorati.[15]

---

[13] Vincenzo Ruggero, *L'Impero tra guerra e criminalità*, in Fedele Ruggeri e Vincenzo Ruggero, 2019. Le nuove guerre mirano alla "de-modernizzazione dell'avversario, conseguita attraverso la distruzione delle infrastrutture, l'attacco alla salute del nemico... il problema non è mirare al nemico né, sbagliando deliberatamente mira, produrre danno collaterale, ma colpire con precisione la salute pubblica. Gli acquedotti, le fogne, l'agricoltura, la distribuzione degli alimenti e dei combustibili sono gli obiettivi privilegiati, in quanto la loro distruzione permette di dilazionare la morte. Vi bombardo oggi, morirete domani. L'intero paese viene piegato «dalle malattie e dalla fame; e gli innocenti non vengono risparmiati: questa strategia uccide deliberatamente i più giovani, i più vecchi e i più deboli»".

[14] In Iraq i soldi della coalizione per la ricostruzione del paese, circa 23 miliardi, sono, nella quasi totalità, spariti. I pochi utilizzati non sono stati spesi per ricostruire gli ospedali e dotarli delle attrezzature base, ma per attuare il Programma di conversione monetaria in Iraq, ovvero per poter rimpiazzare i dinari con la faccia di Saddam. Il Dott. Richiard Garfiel consulente per l'Iraq dell'Organizzazione mondiale della sanità ha affermato: "Non abbiamo rifornito le strutture ospedaliere di attrezzature basiche perché abbiamo preferito dedicarci a cose più simboliche e visibili, di impatto". Gli osservatori ufficiali dell'ONU non sono riusciti a scoprire che fine abbiano fatto i soldi. Ma non solo. Robert Isakson, direttore esecutivo per la ricostruzione in Iraq afferma che a dirigere la ricostruzione venivano messe persone assolutamente inesperte ma politicamente fedeli ai vari governi e, gli appalti, andavano a uomini che: "erano ufficiali militari, membri della Cia ed erano appoggiati e raccomandati dall'alto. Vi erano persone che facevano parte della coalizione nonostante precedenti condanne per frode. Gli appalti venivano affidati a persone senza fondi, senza capacità e senza personale". In *Dove sono finiti i soldi?* Documentario di RaiTre, del 25 ottobre 2006. Fedele Ruggeri e Vincenzo Ruggero, 2019: "In termini quantitativi, le irregolarità finanziarie riscontrate in Iraq vengono ritenute pari a quelle che si riscontrano in media negli Stati Uniti in un intero ventennio".

[15] M. Darius Nazemroaya, *La Globalizzazione della Nato*. Arianna Editrice, 2014. Edizione del Kindle. Con l'Accordo di Dayton, firmato il 21 novembre 1995, è entrata in vigore la Costituzione della Bosnia-Erzegovina. Costituzione bosniaca scritta all'estero da non bosniaci. Carta che, nei fatti, ha reso "la Bosnia-Erzegovina un moderno protettorato. Con la nuova carta fondamentale, infatti, viene imposta alla Bosnia-Erzegovina un'amministrazione neocoloniale tutelata dallo sguardo vigile dell'Alleanza atlantica. Il Paese poteva essere governato per legge soltanto da cittadini non bosniaci... La banca centrale di Bosnia è stata affidata a stranieri scelti attraverso una selezione coordinata tra Stati Uniti, UE e FMI". Anche nel Kosovo è successa la stessa cosa, anche qui è stato instaurato un protettorato della NATO. Terminata la guerra, infatti, è stata "creata una Amministrazione ad interim delle Nazioni Unite in Kosovo (United Nations Interim Administration in Kosovo, UNMIK), che ha governato gli affari interni del Kosovo dal 1999 al 2008. Da quel

Ma, accanto ai conflitti armati, vi sono altre guerre che vengono quotidianamente combattute in ogni continente dagli Stati e dalle multinazionali: sono le guerre per le materie prime, per le risorse energetiche, per l'acqua, per il cibo, che sottraggono lavoro e sopravvivenza ad intere popolazioni,[16] fanno più vittime innocenti delle guerre convenzionali, e vengono portate avanti attraverso leggi profondamente ingiuste e sistemi sociali iniqui.

Quello che ne è derivato è un sistema di sviluppo ingiusto e predatorio, che ha provocato diseguaglianze intollerabili, caratterizzato non solo dalla rapidità, che non ha precedenti nella storia, con cui la ricchezza si è concentrata nelle mani di pochi - l'1% più ricco della popolazione mondiale detiene più ricchezza del restante 99%[17] - ma anche dalla "scioccante novità che nei posti guida si è seduta una immoralità senza precedenti", in cui "la personalità del manager brillante ha non pochi elementi in comune con quella dello psicopatico."[18]

---

punto in avanti la direzione in campo economico e fiscale della politica kosovara è stata decisa da Stati Uniti e UE". Oltre a ciò, sono state installate in quei territori occupati numerosissime basi militari. Basti pensare che in Kosovo, "in una zona grande come l'Abruzzo, sono state dislocate 117 installazioni militari...La più grande è Camp Bondsteel, a pochi chilometri da Uroševac-Ferizaj... Quando gli americani scelsero l'area dove costruirla non chiesero il permesso a nessuno. Kellogg Brown & Root (Kbr), la potente sussidiaria della petrolifera Halliburton che si occupa anche di logistica militare, e il 94° Battaglione genio costruzioni dell'esercito americano, si presero due colline e le sbancarono". In Fabio Mini, *Soldati*. Einaudi, 2008. Edizione del Kindle.

[16] Vandana Shiva, *Campi di battaglia. Biodiversità e agricoltura industriale*. Edizioni Ambiente, 2013. Edizione del Kindle: "La storia ufficiale dell'azienda India omette di raccontare che i nuovi miliardari si arricchiscono strappando alle popolazioni la terra e la vita stessa. È la storia non detta della Monsanto e delle sue acquisizioni monopolistiche nel settore delle sementi, dei duecentocinquantamila contadini suicidatisi e del conseguente smantellamento del sistema della sicurezza alimentare in India. Per aprire i mercati alla Cargill o a Wal-Mart, sono stati a⎕amati milioni di individui, negando a metà dei bambini indiani il benessere e il futuro".

[17] Giorgio Galli; Mario Caligiuri, *Come si comanda il mondo*. Rubbettino, 2018. Edizione del Kindle. "Un rapporto del 2016 dell'OXFAM, l'agenzia internazionale contro la fame e la povertà, indica che l'1% più ricco della popolazione mondiale possiede più risorse del restante 99%".

[18] Luigi Zoja, *La morte del prossimo*. Einaudi, 2010, Edizione del Kindle: "È nato da poco, ma già giganteggia un nuovo settore di psicologia aziendale: la corporate psychopathy (psicopatia aziendale). Negli scandali di fine secolo XX e inizio secolo XXI, infatti, non si sono trovate immoralità occasionali di persone che hanno

La conseguenza è che ci troviamo davanti ad una società in cui tutto è in vendita, non solo l'acqua, il suolo, le foreste, ma anche i nostri geni, le cellule e gli organi: "secondo l'UNICEF 1,2 milioni di bambini vengono venduti ogni anno nel mondo. Molti sono subito fatti a pezzi per il commercio degli organi umani di ricambio, gli altri avviati alla schiavitù."[19] Nel frattempo "i nostri migliori scienziati lavorano allo sviluppo di tecnologie per modificarci geneticamente e clonarci così da produrre "pezzi di ricambio" che prolunghino la vita a chi potrà permetterselo."[20]

Un sistema iniquo che non solo devasta le popolazioni più povere, ma infetta anche la psiche di coloro che stanno meglio. "Gli Stati Uniti, il paese più ricco del mondo, ha il numero più alto di depressi, una percentuale che si è decuplicata negli ultimi cinquant'anni",[21] mentre in Italia "tra i giovani sotto i venticinque anni, il suicidio è la seconda causa di morte dopo gli incidenti automobilistici, che solo per un differente livello di coscienza possiamo tenere distinti dai suicidi veri e propri che sono

---

sbagliato, e possono pentirsi, ma perversioni morali permanenti che, se non fossero state scoperte, sarebbero continuate perché non lasciavano sensi di colpa: è la condizione chiamata psicopatia, considerata difficile da redimere". A denunciarla come psicopatica, questa volta non sono gli anticapitalisti ma alcuni ipercapitalisti... Se scorrete internet alla voce significativa corporate psychopathy, troverete pagine e pagine e pagine che elencano libri e articoli su questa nuova criminalità: non provengono, però, da editori o movimenti di sinistra e tantomeno da Chiese, per cui le sorti del prossimo non paiono di attualità, ma da pubblicazioni specializzate nella gestione aziendale. Da quando la res publica è diventata res privata, a scrivere di queste cose sono, come abbiamo visto, le esperte di psicologia criminale dell'Università del Surrey. O il dottor Paul Babiak, psicologo dell'industria newyorkese (che, inevitabilmente, dalle industrie trae il suo reddito). Il piú celebre è il citato Robert Hare, professor emeritus all'Università della British Columbia, a lungo consulente di organizzazioni sovversive come l'Fbi, che espone le sue teorie in laboratori rivoluzionari come i congressi della polizia canadese. La critica alla nuova disumanità del capitalismo post-industriale è divenuta una specializzazione della società capitalista post-industrial".

[19] Luigi Zoja, *Giustizia e bellezza*. Bollati Boringhieri, 2007. Edizione del Kindle.

[20] Comac Cullinan, *I diritti della natura: Wild Law*. Piano B edizioni, 2015. Edizione del Kindle.

[21] E. Deiner, M.E.P. Seligman, Beyond Money, Toward an Economy of Well Being, "Psychological Science in the Public Interest", 5, 2004, pp. 1-31. In Vandana Shiva, *Fare pace con la Terra*. Feltrinelli, 2012. Edizione del Kindle.

comunque quattromila all'anno, di cui il sessanta per cento nell'età compresa tra i quindici e i venticinque anni."[22]

Nel libro Esambert, auspicando che la guerra venisse condotta con un minimo di regole morali che la rendesse più preoccupata per la vita degli uomini che non per il profitto, evidenziava questo pericolo avvertendo l'Europa - "che sarà lenta a rendersene conto"[23] - che l'unica risposta positiva possibile a livello industriale sarebbe stata la reciprocità.[24]

Purtroppo gli avvertimenti di Esambert non sono stati recepiti e così, se alcuni Stati si sono presentati preparati alla nuova guerra, proteggendo da subito, con specifiche norme[25] ed istituzioni[26] i loro settori strategici e sviluppando una vera e propria politica giuridica estera,[27] altri Paesi hanno abbattuto le loro barriere legali

---

[22] Umberto Galimberti, *L'ospite inquietante*. Feltrinelli, 2007. Edizione del Kindle.

[23] Esambert, 1990.

[24] E l'Europa è stata davvero lenta a rendersene conto se solo con il Regolamento UE 2019-452 del 19 marzo 2019, che è entrato in vigore l'11 ottobre 2020, istituisce un quadro per il controllo degli investimenti esteri diretti nell'Unione.

[25] Nel 1988 Washington già protegge le sue attività strategiche attraverso un elaborato sistema di controllo degli investimenti esteri grazie alla Sezione 5021 dell'Omnibus Trade and Competitiveness Act, approvato nel 1988, meglio noto come emendamento Exon-Florio. Questa disposizione dà al Presidente degli Stati Uniti la possibilità di sospendere, o addirittura bloccare in modo permanente, qualsiasi acquisizione proposta da parte di interessi stranieri che potrebbero compromettere direttamente, o indirettamente, la sicurezza nazionale. In Harbulot, Christian, *Manuel d'intelligence économique* (Major) (French Edition). Presses Universitaires de France, 2018. Edizione del Kindle.

[26] Giuseppe Gagliano, *Guerra economica e intelligence*. Fuoco Edizioni, 2013. Edizione del Kindle: "Secondo M. W. Christopher, segretario di Stato di Clinton, la sicurezza economica americana dev'essere considerata priorità assoluta nella politica estera e bisogna farla progredire con le stesse energie e risorse del periodo della Guerra fredda. A questo scopo sono stati creati, dal 1993, il Consiglio Economico Nazionale (NEC) e il Consiglio Nazionale di Sicurezza (NSC), l'Advocacy Network e l'Advocacy Center, che raggruppano tutte le agenzie federali interessate dal commercio internazionale e consigliano le imprese. Inoltre, il sistema nel suo insieme si incarica di eliminare gli ostacoli, attraverso pressioni politiche dirette sui governi, consigli prodigati dall'FMI o dalla Banca Mondiale ai Paesi indebitati e la raccolta di tutte le informazioni necessarie. Inoltre, un arsenale giuridico adattato alla nuova situazione permette di condurre una politica vigorosamente protezionista."

[27] Ignazio Castellucci. *Geodiritto il diritto come dimensione della geopolitica e del conflitto*, Gnosis, 2/2020. "Le Filippine, il Giappone, la Corea del Sud – non volendo parlare dell'Europa occidentale – costituiscono esempi di come nel corso del XX secolo gli Stati Uniti abbiano consolidato, dopo le vicende militari, bastioni di lungo

per aprirsi al mercato, salvo poi accorgersi dell'inefficacia delle leggi nazionali nel difendere dalla predazione straniera la propria economia ed industria, nonché alcuni settori di grande rilevanza strategica, fondamentali per la sicurezza nazionale: la stabilità interna e l'ordine pubblico.

La difficile situazione prodottasi ha, quindi, portato molti Paesi europei, tra cui l'Italia, ad affrontare il problema sia a livello nazionale, sia sollecitando l'Unione Europea[28] "a reagire efficacemente a livello unionale per difendersi da acquisizioni... fatte da investitori stranieri per ragioni strategiche."[29]

Purtroppo, ad oggi, non pare che gli strumenti giuridici adottati, a livello nazionale ed europeo, siano adeguati allo scopo, come evidenziato anche dal Sistema di informazione per la sicurezza della Repubblica (DIS) in uno speciale volume della rivista GNOSIS.[30]

---

periodo della loro politica ed economia globali, trapiantandovi in certa misura i propri valori giuridici, costituzionali, socioeconomici, impiegando il diritto come una continuazione della guerra con altri mezzi. Una strategia simile è perseguita, specie negli ultimi vent'anni, dal Governo cinese (e in minor misura da altri), in molti Paesi dell'Africa e, più recentemente, nei rapporti politico- economici lungo le nuove Vie della Seta: un Paese con velleità espansive deve promuovere un suo 'sistema operativo', volto a dare legittimità e infrastruttura giuridica alla sua crescita egemonica."

[28] Le Monde, 12 dicembre 2020, *Guerre commerciale: l'Europe s'arme enfin*, in https://www.lemonde.fr/economie/article/2020/12/12/guerre-commerciale-l-europe-s-arme-enfin60-63170-3234.html.

[29] Stefania Gliubich. Il Regolamento europeo per il controllo degli investimenti diretti esteri opportunità o occasione mancata per i 'poteri speciali' dell'unione europea? In Golden Power e Intelligence. Dicembre 2019. Volume scaricabile al seguente indirizzo: https://www.sicurezzanazionale.gov.it/sisr.nsf/wp-content/uploads/2020/01/GNOSIS-golden-power-intelligence.pdf

[30] Golden Power e Intelligence, 2019.

La guerra del diritto

È la legge crea ricchezza e disuguaglianza.
Katharina Pistor

Possiamo ottenere per legge tutto ciò che la guerra potrebbe portare, senza i mezzi della guerra.
Hervé Juvin

Il diritto, che ha subito nei secoli profondi mutamenti conseguenziali ai profondi mutamenti della realtà socio-economica, è spesso utilizzato dal potere "per il conseguimento di obiettivi politico-strategici.[31] Proprio per questo "l'analisi giuridica", oltre quella storica, "può rivelare dinamiche imperiali più o meno sotto-traccia…."[32]

Oggi, a seguito della globalizzazione, che ha mutato profondamente la realtà socio-economica, si è creato un "vuoto di ordinamento e di potere che ha portato Stati e multinazionali ad ingaggiare una vera e propria guerra normativa.[33] Reggimenti di

---

[31] Ignazio Castellucci. Gnosis, 2/2020.

[32] Ibidem.

[33] Sabino Cassese, *Chi governa il mondo?* Il Mulino, 2013. Edizione del Kindle: "Le diverse scienze giuridiche dei singoli paesi usano il diritto globale per poter conquistare nuovi campi. Il Governo cinese 'investe' oggi in diritto internazionale, con risorse economiche e con i suoi migliori studiosi, tentando di influenzarne le regole; ad esempio, per la tutela dei suoi interessi geostrategici nel Mar Cinese Meridionale. Così come si sforza di esportare alcuni modelli giuridico-economici del suo diritto nazionale d'impronta socialista lungo le nuove Vie della Seta, con qualche analogia con l'esportazione nordamericana della Western rule of law, di cui s'è detto

politici, avvocati e lobbisti si sono dati battaglia, attraverso un vero e proprio "arsenale legale", seguendo strategie giuridiche[34] a breve, medio e lungo termine, cogliendo tutte le opportunità e agendo a tutti i livelli (locale, nazionale, comunitario ed internazionale), per poter far approvare standard, accordi, regolamenti e leggi vantaggiosi che, in combinato disposto, potessero consolidare la loro posizione strategica sul mercato: "Non è la mano invisibile di Smith a regolare il mercato, ma una competizione feroce in cui vince chi riesce a dettare le regole del gioco, ossia la legge."[35]

È la legge, infatti, come ci ricorda il prof. Zagrebelsky, "lo strumento per tutte le avventure del potere, quale che esso sia, democratico o antidemocratico, liberale o totalitario...

Affaristi, avventurieri, ideologhi fanatici e perfino movimenti criminali, organizzati con tecniche efficaci per la conquista spregiudicata del potere, hanno preteso legittimità per le loro azioni alla stregua di leggi fatte da loro stessi, per mezzo del controllo totale, che avevano acquisito, delle condizioni della produzione legislativa: consenso sociale, opinione pubblica, fattori tecnici parlamentari e governativi."[36]

---

diritti e i sistemi di regole, propri e altrui, hanno significativo rilievo a diversi fini: offensivo, difensivo, legittimante, espansivo."

[34] Nel campo del processo legislativo, gli attori economici, o i loro rappresentanti, mettono in moto precise strategie ben evidenziate nel dossier di Kheira TAYEB Tayeb, L'influence des « Portes Etroites» Sur Le Conseil Constitutionnel & le Conseil d'Etat. Quand les pratiques de l'intelligence juridique servent la guerre économique", École de Guerre Économique, in https://infoguerre.fr/wp-content/uploads/2019/07/Influence-CC-CE-2.pdf

[35] Katharina Pistor, *The Code of Capital*. Princeton University Press, 2019. Edizione del Kindle.

[36] Gustavo Zagrebelsky, *Intorno alla legge: Il diritto come dimensione del vivere comune*. Einaudi, 2014. Edizione del Kindle.

Tecniche di presa del potere: ieri

«... le città d'Italia tutte piene
son di tiranni, e un Marcel diventa
ogne villan che parteggiando viene»

Dante, VI del Purgatorio

Da sempre, ogni guerra si combatte per il potere, il dominio e il controllo di persone e risorse, siano esse materiali o immateriali. Alcune vittorie sono state di breve durata, altre si sono consolidate nel tempo e sono durate secoli.[37] Cosa ha caratterizzato le vittorie di chi è riuscito ad imporsi e mantenere il potere a lungo?

È questo che a noi, occupandoci di intelligence, interessa individuare, perché il tempo passa, ma alcune strategie di inganno e manipolazione, attacco, conquista e dominio non cambiano: quello che cambia sono il campo di battaglia e la tecnologia utilizzata.

Se si pone uno sguardo al passato si nota come coloro che sono riusciti a conquistare e a mantenere il potere a lungo abbiano posto in essere precise strategie che comportavano attacchi multilivello (culturale, comunicativo, politico, normativo e istituzionale) ed hanno come perno il monopolio della produzione normativa, il controllo delle professioni strategiche e il dominio della formazione e della distribuzione della conoscenza.

---

[37] Ignazio Castellucci. Gnosis, 2/2020. "Nel 221 A.C. Ying Zheng, re di Qin invade il regno di Qi; egli riunisce così sotto il suo controllo l'intera Cina, e con il nome di Qin Shi HuangDi (Primo Imperatore di Qin) dà vita ad un Impero che durerà sino al 1911. Il Primo Imperatore si è avvalso di una macchina di governo e militare altamente efficace, per la presenza allora quasi inaudita di un apparato di leggi pensato per moltiplicare la potenza dello Stato."

Numerosi sono i momenti storici cui possiamo rivolgerci per veder applicata tale strategia di presa del potere; ne analizziamo nel dettaglio uno tra i tanti che presenta forti analogie con l'oggi: il processo di costruzione del dominio signorile.

Dopo un periodo di grande sviluppo, alla fine del Duecento, l'Europa entrò in crisi: guerre, carestie, lo scontro tra Papato e Impero, il fallimento di alcune importanti banche e la peste sorpresero e sconvolsero le popolazioni europee.

In questa difficile situazione, uomini appartenenti a famiglie che negli anni dello sviluppo e della ripresa del commercio erano riusciti ad accumulare grandi ricchezze con la mercatura, le attività bancarie e l'imprenditoria artigiana, provvisti di eserciti mercenari e desiderosi di ampliare il loro potere e i loro domini, si presentano ad una popolazione spaventata come garanti della pace e della giustizia (Pax Signorile).

Molti vi provano con fretta e violenza, ma "le sommosse popolari che, a fronte della mancata aderenza della politica signorile alle istanze urbane, posero fine alla dominazione non furono rare."[38] I più accorti, invece, attuano precise strategie. Vediamo quali.

I signori, o gli aspiranti tali,[39] attraverso un'abile influenza culturale,[40] sfruttando paura, crisi e fragilità economica della comunità, si fecero eleggere, o fecero eleggere loro amici fidati o parenti, nei Consigli comunali. "Non si tratta solo di meccanismi di propaganda politica, affermare ciò sarebbe inesatto e limitante.

---

[38] Riccardo Rao, *Le signorie dell'Italia nord-occidentale fra istituzioni comunali e società (1280 ca.-1330 ca.)*, in Massimo Vallerani, *Tecniche di potere nel tardo medioevo Regimi comunali e signorie in Italia*. Viella, 2010. Cfr. M. Bourin, G. Cherubini, G. Pinto, a cura di, *Rivolte urbane e rivolte contadine nell'Europa del Trecento: un confronto, Atti del convegno internazionale di studi* (Firenze, 30 marzo - 1 aprile 2006). Firenze University Press, 2008.

[39] Paolo Grillo, a cura di, *Signorie italiane e modelli monarchici, (secoli XIII-XIV)*. Viella, 2013. Edizione del Kindle.

[40] Cfr. Federica Cengarle, *Immagine di potere e prassi di governo. La politica feudale di Filippo Maria Visconti*. Viella, 2006.

Si tratta di agire più profondamente sul singolo e sulla comunità, al livello nel quale viene concepita nei suoi caratteri basilari l'organizzazione politica e più ancora i valori e i principi comuni. L'obiettivo è influenzare, dominare e controllare più o meno direttamente popolazioni e mercati."[41]

Grazie all'abuso di previlegi e distribuzioni di incarichi - cui il principale criterio di selezione non era la competenza o l'esperienza, ma l'incondizionata fedeltà al potere con il conseguente declino dell'etica pubblica - si circondarono di amici fidati.

Una volta all'interno del Consiglio generale, mostrando una continuità apparente e, di fatto, fittizia con le forme istituzionali comunali, vennero elaborati tutta una serie di stratagemmi per ottenere poteri straordinari in deroga agli statuti e ai principi della costituzione comunale che usarono intenzionalmente in maniera «anti-istituzionale»,[42] con la conseguenza che il Consiglio venne gradatamente marginalizzato e, privato di molte funzioni,[43] si ridusse a svolgere funzioni di legittimazione delle scelte del potere. "È famosa la lettera ai *cives* reggiani in cui Bernabò

---

[41] Guido Cariboni, *Comunicazione simbolica e identità cittadina a Milano presso i primi Visconti (1277-1354)*, in Reti Medievali Rivista, IX - 2008/1.
http://www.rmoa.unina.it/1940/1/92-196-1-PB.pdf

[42] Massimo Vallerani, 2010: "l'arbitrium per superare i limiti dell'ordo; il richiamo all'eccezione "per necessità" per ovviare ai meccanismi di voto (e di controllo) dei consigli; la dedizione per cancellare del tutto (almeno in apparenza) il comune come istituzione autonoma; la grazia per accentrare la soluzione di un numero crescente di liti sottratte ai tribunali ordinari".

[43] Jean-Claude Maire Vigueur, a cura di, *Signorie cittadine nell'Italia comunale.* Viella, 2013, Edizione del Kindle: "In molti contesti signorili si assiste all'acquisizione da parte del signore del diritto di nomina dei consiglieri, o comunque di controllo sostanziale di quei meccanismi ... Questi casi, pur nelle particolarità locali, danno nel complesso il senso di una strategia di destrutturazione dei meccanismi istituiti dai ceti dirigenti locali per controllare i consigli....Siamo davanti a un uso mirato dei poteri eccezionali per costruire un governo dello stato che non si può, o non si vuole, assicurare solo per vie istituzionali ... Un ultimo cenno meritano tutte quelle strategie che dovettero consentire ai signori di orientare dall'interno i lavori del consiglio: limitazioni della libertà di intervento, aperte intimidazioni, vincoli espliciti alle capacità di delibera..."

Visconti, nel 1371, si arrogava la facoltà di fare «decreta» a suo piacimento: *Faciemus et desfaciemus decreta prout nobis placuerit.*"[44]

La propaganda si concentrò, quindi, sulle lagnanze sull'amministrazione della giustizia e sul caos del diritto comunale, accusato di essere causa della crisi ed ostacolo alla ripresa, mentre giuristi al servizio del Principe lavorarono per abusare[45] e reinterpretare[46] le norme così da "proiettare sul territorio l'immagine di un potere legittimo e valido."[47] *A Bon Droit* era il motto dei Visconti. "Siamo qui in presenza, come sottolinearono alcuni giuristi dell'epoca, di una creazione del dominio grazie a una *fictio iuris* piuttosto spregiudicata per mezzo della quale la potestà legislativa che il diritto romano imperiale affidava al *popolus* passò nelle mani del *dominus*."[48]

Pericoloso liberare dai vincoli il potere, come ben sapeva Bartolo di Sassoferrato, il più grande giurista del Medioevo che, nel suo Trattato *De Tyranno*, ne evidenziò strategie e vizi - a

---

[44] Maria Nadia Covini, *De gratia speciali, Sperimentazioni documentarie e pratiche di potere tra i Visconti e gli Sforza*, in Massimo Vallerani, 2010.

[45] Paolo Grillo, 2013: "Molto più significative paiono invece esser state le possibilità di manipolazione a disposizione dei giuristi. Federica Cengarle prende in considerazione una serie di giustificazioni del potere signorile prodotte dai dottori in legge al servizio dei Visconti, giungendo a constatare che già a partire da Azzone, negli anni Trenta del Trecento, e poi con maggior decisione nell'ultimo trentennio del secolo, i signori di Milano tesero ad affermare l'immediata derivazione divina del loro potere: essi miravano in tal modo a svincolarsi sia dall'investitura popolare sia dalle legittimazioni imperiali o pontificie, pur strumentalmente richieste in caso di necessità". Cfr. anche Andrea Zorzi, *Negoziazione penale, legittimazione giuridica e poteri urbani nell'Italia comunale*, in Marco Bellabarba, Gerd Schwerhoff, Andrea Zorzi, a cura di, *Criminalità e giustizia in Germania e in Italia. Pratiche giudiziarie e linguaggi giuridici tra tardo Medioevo ed età moderna*. Il Mulino, 2001.

[46] Federica Cengarle, *Tra maiestas Imperii e maiestas Domini: il vicariato composito di Galeazzo II Visconti* (1354-1378), in Paolo Grillo, 2013: "Bartolo si sarebbe certo stupito per la velocità con cui figure, categorie e concetti «applicati, nella sua dottrina del princeps della tradizione romanistica, all'imperatore» vengono «applicati, nel processo rapido di trasferimento delle attribuzioni della suprema potestà d'imperio, della sovranità imperiale, ai signori e ai principi territoriali»".

[47] Federica Cengarle, 2006.

[48] Guido Cariboni, 2008.

partire dalla depressione della cultura - esortando i colleghi a non farsi strumento dell'avidità del potere. Purtroppo, non venne ascoltato. "È l'era del Principe. Solo servendolo, facendosi suo funzionario o suo cortigiano si guadagnano ricchezze, potere, prestigio. I rappresentanti dei poteri consolidati lo hanno capito e danno la propria adesione alle tirannie.[49]

E se da un lato, "a fronte del cedimento della politica", vi furono giuristi che combatterono quotidianamente, opponendosi ai vari provvedimenti, per cercare di porre freno agli abusi, dall'altra "gli imperatori del momento erano, invece, di sovente disposti a legittimare i poteri dei nuovi signori con la concessione del titolo di vicari imperiali o, dalla fine del Trecento, di vassalli dell'impero dietro la promessa di fedeltà e la prestazione di un corrispettivo in denaro o in aiuti militari"[50].

Esautorato nei fatti il Consiglio comunale, e ottenuto il monopolio della creazione normativa - *A Bon Droit* - il Principe doveva ottenere il controllo delle professioni strategiche. Obiettivo: configurare un sistema giuridico come strumento di dominio costituito da persone fidate, giudici burocratizzati e avvocati "fedeli."

Il primo passo fu quello di contenere l'iniziativa dei podestà forestieri, che, indipendenti e al vertice della comunità, avevano un grande potere, in grado di opporre resistenza[51] e intralciare il

---

[49] Jacques Le Goff, *Gli intellettuali nel Medioevo*. Mondadori, 2016. Edizione del Kindle.

[50] Claudia Storti, *I giuristi di fronte alla città e all'Impero*. Il contributo italiano alla storia del Pensiero – Diritto (2012), in https://www.treccani.it/enciclopedia/i-giuristi-di-fronte-alla-citta-e-all-impero_%28Il-Contributo-italiano-alla-storia-del-Pensiero:-Diritto%29/

[51] Andrea Gamberini. *La forza della comunità. Statuti e decreti a Reggio in età viscontea, in Signori, regimi signorili e statuti nel tardo medioevo* (Atti del VII Convegno del Comitato nazionale per gli studi e le edizioni delle fonti normative, Ferrara, 5-7 ottobre 2000). Distribuito in formato digitale da "Reti Medievali", http://www.rmoa.unina.it/1202/1/RM-Gamberini-Comunita.pdf: "podestà che omettevano la pubblicazione dei decreti o che giocavano abilmente sui contrasti fra il tenore di questi e gli statuti per favorire le comunità non sono affatto infrequenti nelle fonti".

percorso per la conquista e il dominio.[52] Quello a cui si assistette fu "una graduale ma inarrestabile trasformazione della funzione podestarile: alla libera elezione si sostituisce la nomina signorile; alla durata limitata, una durata spesso pluriennale, alla competenza la fedeltà al dominus come criterio guida della scelta."[53]

Al "podestà forestiero, riconvertito in agente del dominus",[54] vennero periodicamente conferiti poteri eccezionali d'inchiesta, il cui scopo, più che punire, era marginalizzare dal "gioco del potere" gli avversari. Infatti, attraverso il meccanicismo del processo si poterono escludere per via giudiziaria intere famiglie, costringendole all'esilio e privandole dei loro patrimoni.[55]

Ottenuto il monopolio legislativo e il controllo dei podestà,[56] il potere rivolse la sua attenzione agli avvocati. Infatti, se da un lato i Principi si circondarono di giuristi, pronti a costruire quelle cattedrali dottrinarie necessarie ad ampliarne e legittimarne il potere, dall'altro il lavoro dell'avvocato, libero e indipendente, veniva visto come un ostacolo all'esercizio del potere. "Il Potere

---

[52] Massimo Vallerani, 2010. "In campo giudiziario, l'indipendenza del magistrato forestiero era assai meno controllabile, sia perché il podestà era l'autorità suprema nei gradi di giudizio della giustizia pubblica sia perché doveva avere necessariamente «larghe briglie» per procedere d'ufficio contro tutti i reati che il buon governo cittadino richiedeva di reprimere".

[53] Ibidem.

[54] Ibidem.

[55] Andrea Zorzi, *Negoziazione penale, legittimazione giuridica e poteri urbani nell'Italia comunale*, in

http://www.rmoa.unina.it/1649/1/RM-Zorzi-Negoziazione.pdf

[56] Jean-Claude Maire Vigueur, 2013. E se all'inizio "non si creano nuove magistrature, ma si mantengono in vita quelle preesistenti, occupandone alcune in prima persona, magari per una durata superiore a quella prevista dagli statuti, o influenzando e controllando le altre tramite clienti e fedeli", successivamente "il signore si sente ormai pienamente legittimato nel suo ruolo e ritiene di poter intervenire sull'assetto istituzionale della propria dominazione, modificando gli istituti preesistenti o introducendone di nuovi… le nuove magistrature, che, affiancando le preesistenti, finirono spesso per esautorarle… le istituzioni collegiali della tradizione comunale non rappresentavano più il luogo deputato all'esercizio del potere. Il potere era adesso nelle mani del singolo. La creazione di nuove magistrature segna infatti in molti casi il raggiungimento di un punto di svolta nel processo di costruzione della signoria".

ovunque aveva paura degli avvocati validi, che potevano con le loro sottili argomentazioni difendere città, signori feudali, vescovi, corporazioni potenti e fastidiose, refrattarie a ogni processo di accentramento statale."[57]

Iniziò una propaganda feroce contro gli avvocati[58] che, nel giro di pochi anni, li portò ad essere bollati come coloro che "offuscano la giustizia. L'alternativa? Fu di introdurre una sorta di compromesso obbligatorio in modo da evitare la giustizia ordinaria; si badi, peraltro, che non potevano essere scelti come arbitri gli avvocati collegiati locali."[59]

Molte città introdussero arbitrati e compromessi obbligatori, in modo da evitare la giustizia ordinaria, mentre il Principe, "che voleva diventare la fonte della giustizia", sovrapponeva "i propri regolamenti e consigli per una giustizia equitativa alle formalità tradizionali."[60]

Ebbe inizio il declino della professione forense e "mentre la domanda dei loro servizi cresceva, e proprio per questo anche, i giudici locali, cioè gli avvocati, vennero persino allontanati dal potere politico in molte città che instaurarono governi ancora sedicenti «popolari» in questa Italia di primo Trecento."[61]

Ottenuto il monopolio della produzione normativa, e il controllo di podestà e professione forense, il potere rivolse la sua

---

[57] Mario Ascheri, *La percezione dell'avvocatura dal Medioevo all'età moderna*, in Initium, Revista Catalana d'Història del Dret 20/2015 Edita Associació Catalana d'Història del Dret «Jaume de Montjuic».

[58] Ibidem: "l'avversione contro i legulei si diffuse anche tra gli uomini che diremmo oggi di cultura... I legulei - rimproveravano gli umanisti - erano ben pagati, certo, ma quanto ignoranti... Addirittura dello stesso latino che usavano per escludere la gente normale dalla vita giuridica!"

[59] Ibidem: "Lo statuto di Siena nel 1310 fu messo in volgare esplicitamente perché tutti potessero leggerlo e contenne attacchi mai letti prima in un testo di legge contro gli operatori del diritto: essi addirittura, è detto proprio così, «offuscano la giustizia», mentre poi figurano, in questo straordinario testo, anche gli ufficiali senza «mani pure»!"

[60] Ibidem: "I «Consigli di giustizia» furono una novità di tardo Medioevo che andò generalizzandosi al di sopra delle corti tradizionali locali".

[61] Ibidem.

attenzione alle Università. Iniziarono a "sbocciare come funghi delle università, più o meno presto formalizzate"[62] e, anche i professori, come prima i giuristi, posti "al bivio tra l'appartenere al mondo del lavoro e l'essere accolto nei gruppi privilegiati", fecero "la loro scelta definitiva."[63] Abbandonato il contatto con il popolo, il loro ambiente fu la corte del Principe, la protezione dei grandi, la ricchezza materiale e il reclutamento ereditario. Questa costituzione di una oligarchia universitaria contribuì ad abbassare notevolmente il livello intellettuale, mentre i professori, insieme agli avvocati, si facevano ritrarre nei loro studi da grandi pittori.[64] "Nulla è più evidente del contrasto offerto dalle immagini che raffigurano il lavoro dell'intellettuale del Medioevo in confronto con quelle in cui appare l'umanista. Il primo è un professore, sorpreso nel momento in cui insegna, circondato di allievi, assediato dai banchi nei quali si stringono gli ascoltatori. L'altro è un dotto solitario nel suo studio tranquillo. Nel primo caso abbiamo il tumulto delle scuole, la polvere delle aule; nel secondo un ambiente in cui tutto è ordine e bellezza, lusso, calma e voluttà."[65]

E se i signori erano riusciti a prendere il potere promettendo a tutti giustizia e pace, quello a cui si assistette tra il 1300 e la metà del 1400 fu una "rottura culturale fortissima all'interno del ceto dirigente, che vedeva ormai il diritto solo come una delle possibili articolazioni del potere politico",[66] e un lungo periodo di guerre, in cui a pagare il prezzo più caro furono proprio i cittadini, trasformatisi ormai in sudditi.

---

[62] Ibidem.

[63] Jacques Le Goff, 2016.

[64] Ascheri, 2015: "Sono i togati che troviamo spesso in preziose vesti nere con collarini bianchi, appunto giuristi-avvocati, come il Bartolomeo Arese divenuto poi membro del prestigiosissimo Senato milanese, essenzialmente un tribunale di ultima istanza che decideva in luogo del principe".

[65] Jacques Le Goff, 2016.

[66] Massimo Vallerani, 2010.

Ha così inizio un percorso di conquista ed ab-uso del diritto da parte del potere che giungerà a compimento nel Settecento con la Rivoluzione francese: "La rivoluzione ha effettivamente portato a compimento il progetto giuridico monarchico-assolutistico che in tre secoli non era riuscito a imporsi completamente."[67]

Ricordiamo i passaggi principali di questo "progetto giuridico" di conquista ed ab-uso del diritto per potere ed avidità.

Alla conquista del diritto

Nel 1492 la scoperta dell'America, un intero continente ricco di materie prime e metalli preziosi cui potersi approvvigionare a prezzi quasi nulli, portò i sovrani a concedere grandi privilegi alle compagnie mercantili che, in grado di affrontare i mari, "commerciare con le popolazioni delle terre lontane, contrastare la concorrenza delle compagnie degli altri regni e promuovere l'occupazione di regioni del nuovo mondo",[68] assicuravano ai sovrani quei tesori che ne accrescevano il potere. Era a loro, quindi, che doveva essere garantita la più ampia protezione, non più al popolo e alle corporazioni cittadine.

L'occupazione, spacciata per "missione civilizzatrice", si caratterizzò, sin da subito, per le atrocità commesse dai *conquistadores.*[69] Nel 1511 tali atrocità vennero denunciate, nella chiesa di Santo Domingo e alla presenza del Viceré e alle massime autorità coloniali, dal domenicano Antón Montesinos.[70] L'accusa che il domenicano muoveva contro i conquistadores era di vivere

---

[67] Gustavo Zagrebelsky, *Intorno alla legge: Il diritto come dimensione del vivere comune.* Einaudi, 2014. Edizione del Kindle.

[68] Mario Caravale, *Storia del diritto nell'Europa moderna e contemporanea.* Laterza, 2012. Edizione del Kindle.

[69] Luigi Zoja, *Paranoia.* Bollati Boringhieri, 2011. Edizione del Kindle. "Si stima che tra il 1492 e il 1633 l'America latina perda l'88,1% degli abitanti".

[70] Gustavo Gutierrez, *Alla ricerca dei poveri di Gesù Cristo. Il pensiero di Bartolomé de Las Casas.* Queriniana, 1995, pp. 43-44.

in peccato mortale per la crudeltà e la tirannia con cui venivano trattati gli Indios, e come la loro servitù e le guerre di conquista non avessero alcun fondamento né nel diritto né nella giustizia.[71] A seguito di tale denuncia si pose il problema di trovare legittimazione giuridica alla conquista e l'occupazione del nuovo e ricco mondo (*A Bon Droit*).

Nel 1512 una commissione - formata da giuristi, teologi e consiglieri del re - elaborò una serie di ordinanze "*Ordenanzas reales para el buen regimento y tratamiento de los yndios*", che la regina Giovanna di Castiglia emanò a Burgos nel 1512 (Leggi di Burgos),[72] mentre il giurista Regio Juan López de Palacios Rubios (1450 - 1524) predispose una dichiarazione di sovranità - il Requierimento[73] - che aveva a fondamento la Bolla papale del

---

[71] Cfr. Zoja, 2011.

[72] Luca Baccelli, *Le leggi di Burgos*: "Le Leggi di Burgos riconoscono la libertà degli indigeni e al tempo stesso legittimano e regolamentano il loro repartimiento presso i coloni spagnoli, perché lavorino nelle miniere, nell'agricoltura e nei servizi personali e siano convertiti al Cristianesimo. Buona parte delle leggi tratta di religione: i coloni sono obbligati a costruire edifici di culto e a vigilare affinché gli indigeni partecipino ai riti giornalieri ed alla messa domenicale. Ma ciò che viene stabilito fin dal principio è la loro deportazione presso le aziende dei coloni, il loro internamento in alloggi comuni, la distruzione con il fuoco dei loro villaggi, l'obbligo al lavoro. È la definitiva legittimazione giuridica del sistema dell'encomienda, l'istituzione attraverso la quale la colonizzazione spagnola si affermerà e si diffonderà nell'America centro-meridionale... Nella effettiva applicazione delle norme i rapporti di lavoro servile previsti dall'encomienda saranno difficilmente distinguibili dalla schiavitù. E nel giro di poche decine di anni la popolazione autoctona delle Grandi Antille si estinguerà – nel 1512 la crisi demografica era probabilmente già irreversibile – mentre nell'insieme dell'America si ridurrà a 1/3, per seguire stime ottimistiche".
In http://www.juragentium.org/topics/rights/it/burgos.html

[73] Ingiunzione in spagnolo. "Da parte del re, don Fernando, e di sua figlia, donna Giovanna, regina di Castiglia e León, soggiogatori di popoli barbari, noi, loro servi, vi notifichiamo e vi facciamo sapere, come meglio possiamo, che ...Uno dei pontefici passati..., in quanto signore del mondo fece dono di queste isole e terraferma del mare Oceano ai detti re e regina e ai loro successori in questi regni, con tutto ciò che c'è in essi, come è contenuto in certi scritti che furono stabiliti su ciò, come è stato detto, che potrete vedere se vorrete.

Così le loro maestà sono re e signori di queste isole e terraferma in virtù della suddetta donazione... Quindi, come meglio possiamo, vi preghiamo e vi chiediamo che intendiate bene ciò che vi abbiamo detto ... e riconosciate la Chiesa come signora e entità suprema dell'universo, e il sommo Pontefice, chiamato papa in suo

1493 - Bolla *Inter Cœtera* - con cui Papa Alessandro VI Borgia concedeva ai sovrani di Castiglia le terre scoperte a Occidente.

Sulla legittimità di tale Bolla papale è inutile dilungarci troppo, ci basti ricordare come "il re di Francia, si dice, aveva sarcasticamente chiesto che gli si mostrasse il testamento di Adamo, sul quale la Bolla doveva a sua volta basarsi."[74]

Quello che è invece interessante evidenziare è la struttura del Requierimento, perché presenta tecniche di ab-uso del diritto che ritroveremo spesso. Con il Requierimento, infatti, viene costruito un documento in cui "la posizione dell'avversario non è dedotta dai fatti, ma fantasticata preventivamente dal compilatore, che non prevede per la controparte la possibilità di esporre il proprio punto di vista, di ribattere o di effettuare altre scelte" che non siano la sottomissione o la morte. In altri termini, non solo la ragione dell'altro è irrilevante, ma il testo "già prepara una proiezione radicale della colpa e un attacco preventivo: le cose sono predisposte in modo tale che la vittima sarà comunque responsabile del proprio sacrificio."[75]

---

nome, e il Re e la regina donna Giovanna, nostri signori, in suo luogo, come superiori e re di queste isole e terraferma, in virtù della suddetta donazione... Se farete questo, e tutto ciò cui voi siete tenuti e obbligati, farete bene, e le Loro Altezze e noi in loro nome vi riceveremo con tutto l'amore e la carità, e vi lasceremo le vostre mogli e i vostri figli ... Ma se voi non faceste ciò, o in ciò voi interponeste maliziosamente delle dilazioni, vi faccio sapere che con l'aiuto di Dio noi interverremo potentemente contro di voi, e vi faremo guerra da tutte le parti e i modi che potremo, e vi assoggetteremo al giogo e all'obbedienza della Chiesa e delle Loro Maestà, e prenderemo le vostre persone, e le vostre mogli e i vostri figli e li faremo schiavi, e come tali li venderemo e disporremo di loro come le Loro Maestà comanderanno, e vi prenderemo i vostri beni, e vi faremo tutti i mali e i danni che potremo, come si fanno ai vassalli che non obbediscono né vogliono ricevere i propri signori e oppongono loro resistenza e disobbedienza; e dichiariamo che le morti e i danni che faranno seguito a ciò saranno attribuiti alla vostra colpa e non alle Loro Maestà, né a noi, né a questi signori che vengono con noi.

E chiediamo al presente notaio che ci dia un certificato firmato di ciò che diciamo e richiediamo, e preghiamo i presenti che siano testimoni".

[74] Luigi Zoja, 2011.

[75] Ibidem.

La legittimazione giuridica alla conquista - (*A Bon Droit*) - elaborata dalle leggi di Burges si presentava però debole e parziale. Vi era la necessità di elaborare una vera e propria dottrina. A dedicarsi per primi a questo compito furono gli studiosi dell'Università di Salamanca in Spagna e, tra questi, il domenicano spagnolo Francisco de Vitoria.[76] Quella che venne elaborata fu una dottrina che, se da un lato poneva l'importante principio che il diritto naturale abbraccia l'intera umanità, e dunque uomini e popoli sono uguali ed hanno uguali diritti (*ius gentium*), dall'altro si premurava di trovare diverse argomentazioni a sostegno della legittimità della conquista spagnola.[77] Qui basti ricordare l'incarico pontificio di missione, ossia il mandato di missione o di crociata da parte del Papa, premessa al genocidio dei nativi; o il criterio della "sicurezza" per legittimare la guerra preventiva contro gli infedeli (*perpetui hostis*).

Nella seconda metà del Cinquecento Michel de Montaigne evidenziava come ormai: "Le leggi si mantengono in credito non perché sono giuste, ma perché sono leggi. È il fondamento mistico della loro autorità; non hanno altro fondamento, ed è bastante. Spesso sono fatte da sciocchi...",[78] mentre in Italia continuavano le operazioni "sottili e complesse", con interventi "sul piano politico ed ideologico",[79] destinati a funzionare "quasi da

---

[76] Francisco de Vitoria (1483 – 1546).

[77] Gustavo Gozzi, *Diritti e civiltà: Storia e filosofia del diritto internazionale*. Il Mulino, 2011. Edizione del Kindle: "Tra questi Vitoria enumerava, in primo luogo, quello della «società e della comunicazione», ossia il diritto degli spagnoli di percorrere e rimanere nei territori degli indios (senza recar loro alcun danno). Così se gli indios avessero voluto impedire agli spagnoli l'esercizio di uno dei diritti fondamentali dello ius gentium, ad esempio il libero commercio (ius commercii), sarebbe stato lecito agli spagnoli resistere alla forza con una guerra giusta".

[78] Paolo Grossi, *Mitologie giuridiche della modernità*. Giuffrè, 2007. Pg. 31.

[79] Mario Ascheri, *Tribunali, giuristi e istituzioni. Dal Medioevo all'età moderna*. Il Mulino, 1989, pp. 64-65: "Con ciò non soltanto si nega che la crisi del diritto da tutti lamentata nell'età moderna dipendesse esclusivamente da motivi interni allo stesso diritto... per riaffermare le preminenti responsabilità del potere politico; in più si

compenso per la contemporanea soppressione delle tradizionali magistrature statuarie. Si trattava di velare l'attentato al patrimonio istituzionale dando mostra di introdurre nuovi elementi "garantistici" nell'ordinamento formale."[80]

Nel Seicento, secolo del trionfo dell'assolutismo regio e dell'"esaltazione dello Stato, del sovrano e dei suoi magistrati",[81] fu Ugo Grozio, giurista d'impresa e avvocato al soldo della compagnia olandese delle Indie orientali - "che si descriveva come un *vulturiolus togatus* (un avvoltoietto con la toga)"[82] - ad elaborare una dottrina del diritto naturale svincolata dalla religione cattolica che, se da un lato, astrattamente e in via di principio, riconosceva il diritto dei popoli, dall'altra forniva argomenti che legittimavano l'espansione coloniale occidentale: "gli stessi argomenti che vengono ancor oggi utilizzati dalla "civiltà occidentale" per estendere la propria egemonia su altre regioni e civiltà della terra."[83]

Davanti a tanta ingiustizia ed ab-uso del diritto, alcuni giuristi, come già fece Bartolo di Sassoferrato nel Trecento, richiamano gli avvocati alle loro irrinunciabili responsabilità e primaria funzione, ossia quella di riportare giustizia nei rapporti sociali e presidiare le fondamenta del vivere civile.[84]

Pericoloso per il potere che giuristi validi e consapevoli si potessero opporre, con le loro azioni e sentenze, all'esercizio della nuda forza spacciata per diritto. Si doveva intervenire. E così, mentre nazioni e giuristi regi si scontravano con armi e leggi per

---

vuole anche contestare che non esistessero strumenti per por fine al caos del diritto comune, e si individua in quelle ricorrenti lagnanze contro l'amministrazione della giustizia uno dei mezzi (poco importa se consapevoli) per deviare l'attenzione dall'unico piano – quello economico-sociale e dei rapporti politici – la cui riforma avrebbe avuto un effetto trainante e in definiva decisivo".

[80] Ibidem, pg. 59.

[81] Ibidem, pg.91.

[82] Oona A Hathaway, *Gli internazionalisti*. Neri Pozza, 2018. Edizione del Kindle

[83] Gustavo Gozzi, 2011.

[84] Cfr. Alessandro Dani, *Giovanni Battista De Luca*. Aracne Editrice, 2012.

avidità e potere, si assistette ad un ulteriore decadimento della professione legale in tutta Europa.

Il Seicento è, infatti, "segnato dal progressivo esautoramento delle potestà locali, dallo svuotamento degli ordinamenti particolari a vantaggio della giurisdizione unitaria del sovrano" e "dall'accentramento dell'amministrazione regia a seguito di una accentuata dipendenza gerarchica dei magistrati provinciali",[85] mentre gli avvocati divennero oggetto di una feroce campagna di delegittimazione. Si pensi al filosofo Giusto Lipsio (1547-1606) che definì gli avvocati "la peste d'Europa", Ben Johson (1572-1637) "avvoltoi", Shakespeare che, nell'Enrico VI, farà esclamare da uno dei suoi personaggi "la prima cosa da fare è uccidere tutti gli avvocati" o, ancora, all'"*Azzeccagarbugli*" di Alessandro Manzoni.[86]

Settecento

Nel Settecento la rivoluzione industriale - "una rivoluzione così profonda la società non la conosceva dall'invenzione della ruota"[87] - comportò un generale stravolgimento delle strutture sociali dell'epoca. Lo sviluppo della scienza applicata alla tecnica portò a così profondi mutamenti che, nel giro di pochi decenni, le abitudini di vita e dei rapporti fra le classi sociali cambiarono radicalmente. L'invenzione cardine fu il motore a vapore che, andando a sostituire le fonti energetiche usate fino ad allora dagli uomini, cioè la forza umana e animale e la forza motrice dell'acqua e del vento, svolse un ruolo decisivo nella nascita delle industrie moderne.

---

[85] Mario Caravale, 2012. Nel suo libro Caravale mette in evidenza come "questa impostazione sia stata oggetto negli ultimi anni di un'attenta revisione".

[86] Enzo Borgna, *Le radici e la storia della professione forense*. Aracne Editrice, 2017.

[87] Mario Caravale, 2012.

In questo nuovo paesaggio socio-economico si compie il progetto giuridico: la conquista del diritto da parte del potere.

A seguito della Rivoluzione francese, infatti, lo Stato si pone come unico produttore del diritto.[88] Non erano consentite consuetudini, "incontrollabili perché provenienti dal basso e dal particolare",[89] non erano consentite interpretazioni della norma e "la legge come tale, come emanazione di una volontà sovrana, diviene oggetto di culto prescindendo dai suoi contenuti."[90] Viene così creato un diritto astratto e generale, freddo e distante dall'uomo e dalla sua complessità, dalla società e dai suoi problemi: "Il diritto guadagna in libertà, in ordine, in chiarezza, solo ciò che perde in contenuto reale... Per liberare il pensiero lo isola dal mondo e dalla vita.... Mettetelo bruscamente davanti a questo mondo di cui possiede tutto tranne l'essenziale... Vedrà e saprà tutto, ma non comprenderà niente."[91]

---

[88] Paolo Grossi, *L'Europa del diritto*. Laterza, 2016. Edizione del Kindle: "Al vecchio caotico pluralismo giuridico si va sostituendo un rigidissimo monismo giuridico: la dimensione giuridica è ormai vincolata all'apparato di potere dello Stato e tende a immedesimarsi in una dimensione legislativa. E comincia un lungo periodo non solo di legalismo ma di autentica legolatria".

[89] Ibidem. "Il processo di rinnovamento giuridico doveva necessariamente cominciare con un rifiuto drastico del passato, sgombrando il terreno dalle vecchie fonti e cancellandole con lo stesso zelo con cui si cancella una infamia".

[90] Ibidem.

[91] August Cochin, *Lo spirito del giacobinismo: Le società di pensiero e la democrazia: una interpretazione sociologica della Rivoluzione francese*. Bompiani, 2014. Edizione del Kindle: "Il modo in cui *homo ideologicus* affronta la realtà è caratterizzato da due dominanti: l'irrealismo e il panico. L'irrealismo è la conseguenza diretta della formazione ricevuta, in cui si conversava senza pensare ad agire. In effetti, tutte le misure prese dalla Rivoluzione in materia economica o finanziaria si sono rivelate vere e proprie catastrofi... Le regole più elementari e sperimentate della vita economica vengono sistematicamente violate. Ma l'esperienza della catastrofe non serve a correggere nulla. Al contrario, suscita solo panico e fughe in avanti. Le catastrofi non vengono messe in rapporto alla stupidità delle misure prese, ma alla malvagità del popolo e soprattutto ai complotti della fazione nemica a cui vanno le attenzioni preferenziali del momento. Si tenta quindi di forzare la realtà rafforzando le misure prese e massacrando. In politica estera, l'irrealismo e il panico sono sempre gli stessi".

La conseguenza di tale centralizzazione del potere, e conquista del diritto, ha effetti devastanti sul tessuto sociale, come evidenziò subito Alexis de Tocqueville: "Poiché la rivoluzione francese non si proponeva soltanto di cambiare un antico Governo, ma di abolire la vecchia forma della società, essa dovette attaccare contemporaneamente tutti i poteri costituiti, distruggere tutte le influenze riconosciute, cancellare le tradizioni, rinnovare i costumi, gli usi, e, in un certo senso, vuotare lo spirito umano di tutte quelle idee sulle quali si erano basati fino ad allora il rispetto e l'obbedienza… Dalla caduta dell'impero romano non si era visto nel mondo un potere simile…Gli uomini, non più uniti da vincoli di casta, di classe, di corporazione, di famiglia, sono già troppo inclini a preoccuparsi solo dei loro interessi particolari, portati sempre a non considerare che se stessi e a chiudersi in un angusto individualismo in cui ogni virtù pubblica è soffocata … "il denaro … è divenuto il segno principale che classifica e distingue gli uomini … "Il desiderio di arricchirsi a ogni costo, la passione degli affari, l'avidità di guadagno, la ricerca del benessere e dei godimenti materiali sono pertanto, in questa società, le passioni più comuni. Si diffondono facilmente in tutte le classi."[92]

Ovvio che in questo nuovo diritto non potesse trovare spazio l'avvocato con le sue interpretazioni e pretese.

Infatti, la classe forense, in un primo tempo protagonista della Rivoluzione francese - ispirando il nuovo diritto, alimentando la sommossa e lavorando alle riforme - venne poi massacrata.[93]

Nel 1790 in Francia venne prima abrogata la figura del procuratore, poi soppresso l'ordine degli avvocati e, infine, abolita la facoltà di giurisprudenza. La foglia di fico dietro cui giustificare tale scelta fu che la difesa in giudizio poteva essere assunta da chiunque, e il concedere l'esclusività agli avvocati era un

[92] Alexis de Tocqueville, *L'antico regime e la Rivoluzione*. BUR, 2011. Edizione del Kindle.
[93] Cfr. A. Cochin, 2014.

privilegio che contrastava con il principio di uguaglianza tra i cittadini. Solo nel 1804 l'ordine degli avvocati venne da Napoleone - contro voglia, visto il suo amore per le *fictio iuris* spregiudicate e la disistima verso la professione - ripristinato. Ma il loro compito era esclusivamente esegetico, vennero privati, cioè, della loro primaria funzione e relegati a *sevi legum* della novissima fonte di diritto, il codice.[94]

Ottocento

L'Europa, a metà dell'Ottocento, fu travolta dalla modernità. "Come ricordò William R. Hearst, potente editore, imprenditore e politico statunitense, erano stati compiuti più progressi materiali che in tutti i secoli precedenti, a partire dall'epoca di Omero."[95]

La rivoluzione industriale e la globalizzazione travolsero il "millenario equilibrio del mondo... non solo dal punto di vista economico, ma anche da quello politico e morale."[96]

Lo spettacolare sviluppo delle conoscenze scientifiche connesse a quelle tecnologiche - la ferrovia, la nave a vapore, il telefono, il fonografo, le macchine rotative per la stampa, la fotografia, la macchina per cucire, la mietitrebbia, le corazzate, il siluro, la trasmissione elettrica dell'energia, il tram, la luce elettrica, ecc. - portarono al rapido e immenso sviluppo della grande industria. La produzione su scala industriale di merci portò alla rapida obsolescenza di mestieri che da secoli venivano tramandati da padre in figlio. I grandi magazzini scalzarono i bottegai, le grandi industrie i piccoli imprenditori, e gli artigiani specializzati erano ridotti alla miseria dalle nuove macchine.

---

[94] Paolo Grossi, 2016.

[95] Emilio Gentile, *L'apocalisse della modernità: La Grande Guerra per l'uomo nuovo*. Mondadori, 2008. Edizione del Kindle.

[96] Ibidem.

Anche per i contadini la modernizzazione si rivelò un boomerang - fortemente specializzata, spesso addirittura in regime di monocultura, totalmente dipendente per il fabbisogno di concimi... pur crescendo, anzi proprio perché cresceva e si modernizzava, perdeva posti di lavoro...[97] - e "la crisi agraria iniziata nel 1873, con il massiccio afflusso di merci dagli Stati Uniti e la conseguente caduta dei prezzi"[98] portarono ad una fuga dai campi.

Chi non emigrava - "tra il 1880 e il 1900, 25 milioni di europei partirono per gli Stati Uniti in cerca di nuove opportunità, e altri milioni di emigranti si trasferirono in Australia, in Canada e in Argentina"[99] - si riversava nelle città per cercare lavoro nelle fabbriche, sempre più numerose e fumose, "dove le frequenti fughe di gas e i crolli uccidevano centinaia di uomini e donne. Morivano anche tanti bambini"[100] mentre crescevano velocemente squallide periferie.[101] "In alcune parti dell'Europa civile la

---

[97] Simona Colarizi, *Novecento d'Europa: L'illusione, l'odio, la speranza, l'incertezza*. Laterza, 2017. Edizione del Kindle.

[98] Ibidem.

[99] Margaret MacMillan, *1914: Come la luce si spense sul mondo di ieri*. Rizzoli, 2013. Edizione del Kindle.

[100] Simona Colarizi, 2017.

[101] John Maynard Keynes, *La fine del laissez-faire e altri scritti*. Bollati Boringhieri, 1991, pg. 95 e 97: "Invece di utilizzare l'immenso incremento delle risorse materiali e tecniche per costruire la città delle meraviglie, si creano i bassi fondi; e si pensò che fosse giusto e ragionevole farlo perché questi, secondo il criterio dell'impresa privata, «fruttavano», mentre la città delle meraviglie sarebbe stata, si pensava, un atto di follia che avrebbe, nell'imbecille linguaggio finanziario, "ipotecato il futuro". Ma nessuno può credere oggi che l'edificazione di grandi e belle opere possa impoverire il futuro, a meno che non sia ossessionato dalle false ideologie tratte da una astratta mentalità contabile... È la concezione del Cancelliere dello Scacchiere come presidente di una sorta di società per azioni che deve essere abbandonata". Georg Simmel, *Le metropoli e la vita dello spirito*. Armando Editore, 2013. Edizione Kindle: "All'idea delle scienze naturali, quello di trasformare il mondo intero in calcolo, di fissarne ogni parte in formule matematiche, corrisponde l'esattezza calcolatrice della vita pratica che l'economia monetaria ha generato".

condizione degli operai e dei contadini era peggiore di quella degli schiavi nell'antichità."[102]

Come evidenzia Emilio Gentile, nel suo libro *L'Apocalisse della modernità*, "sopraffatto da queste forze," l'individuo, sentendosi impotente, reagì in vari modi. Molti si suicidarono,[103] altri si lanciarono in comportamenti eccentrici e stravaganti,[104] altri ancora rifiutarono la modernità rifugiandosi in atteggiamenti nazional-patriottici,[105] altri ancora scelsero la via della violenza e del terrore. "Uno dei tratti caratteristici dell'epoca che precedette la crisi del 1914 è il numero addirittura straordinario di fobie che sembravano affliggere la società europea. Una delle principali - inquietante analogia con la nostra epoca - era la paura dei terroristi, implacabili nemici della civiltà occidentale in agguato nel suo stesso seno. Come sarebbe accaduto nel 2001 dopo gli attacchi dell'11 settembre, nessuno sapeva quanti terroristi erano attivi né quanto efficaci o diffuse fossero le loro reti: l'unica

---

[102] J.C. Bluntschli, Eigenthum, in Id., Gesammelte kleine Schriften cit., vol. I, p. 221, in Martti Koskenniemi, *Il mite civilizzatore delle nazioni*. Laterza, 2013. Edizione del Kindle, nota 243.

[103] Emilio Gentile, 2008: "Lo confermava, come sosteneva il sociologo francese Émile Durkheim nel 1897, il numero crescente di suicidi nel corso dell'Ottocento, proprio nei paesi maggiormente investiti dalla modernità. Émile Durkheim. *Il suicidio: Studio di sociologia*. Rizzoli. 2011. Edizione del Kindle: "Non lasciamoci abbagliare dal brillante sviluppo scientifico, artistico, industriale di cui siamo spettatori; è fin troppo certo che esso si sta compiendo in mezzo a una effervescenza patologica di cui ognuno di noi risente i dolorosi contraccolpi. È perciò assai possibile e probabile che il movimento ascensionale dei suicidi abbia come origine uno stato patologico che accompagna attualmente il progredire della civiltà senza però esserne una condizione necessaria".

[104] Georg Simmel, 2013: "La difficoltà di mettere in risalto la propria personalità all'interno delle dimensioni della vita metropolitana porta le persone ad una particolarizzazione qualitativa per poter attirare su di sé in qualche modo, grazie alla stimolazione del senso delle differenze, l'attenzione del proprio ambiente; ciò che finisce per portare alle eccentricità più arbitrarie, alle stravaganze tipicamente metropolitane della ricercatezza, dei capricci, della preziosità, il cui senso non sta più nei contenuti di tali condotte, bensì solo nell'apparire diversi, nel distinguersi e nel farsi notare il che in definitiva rimane per molti l'unico mezzo per salvare, attraverso l'attenzione degli altri, una qualche stima di sé e la coscienza di occupare un posto".

[105] Cfr. George L. Mosse, *Le origini culturali del Terzo Reich*. Il Saggiatore, 2015. Edizione del Kindle.

certezza era che sarebbero tornati a colpire a loro discrezione, e che la polizia non poteva fare molto per fermarli."[106]

La rivoluzione industriale, che investiva tutti i paesi europei - e che aveva portato ad una rapida trasformazione nelle classi sociali, nell'economia, nei comportamenti e nei valori - aveva trovato classi dirigenti impreparate, più preoccupate ad armarsi[107] e a conquistare nuovi territori[108] che non ad affrontare le immense

---

[106] M. MacMillan, 2013: "A cavallo tra i due secoli un'autentica ondata di attentati squassò l'Europa, con epicentri in Francia, in Russia, in Spagna e negli Stati Uniti. Spesso ispirati alle dottrine anarchiche, che denunciavano tutte le forme di organizzazione sociale e politica come strumenti di oppressione, ma talvolta mossi da puro e semplice nichilismo, i terroristi facevano esplodere ordigni, lanciavano bombe, accoltellavano e sparavano con efficacia quasi sempre letale. Tra il 1890 e il 1914 assassinarono il presidente francese Sadi Carnot, due primi ministri spagnoli (Antonio Cánovas nel 1897 e José Canalejas nel 1912), re Umberto I d'Italia, il presidente statunitense McKinley (i cui attentatori si ispirarono agli assassini di re Umberto), l'imperatrice Elisabetta d'Austria, lo statista russo Stolypin e il granduca Sergej, zio dello zar. Gli attentatori non colpivano soltanto bersagli potenti e prestigiosi: una bomba gettata nella platea di un teatro a Barcellona durante una recita del Guglielmo Tell fece ventinove morti, e un secondo ordigno lanciato contro Alfonso di Spagna il giorno del suo matrimonio mancò il bersaglio, ma in compenso uccise trentasei astanti. Quei gesti estremi scatenavano ondate di repressione poliziesca, ma per molto tempo le reazioni delle autorità, spesso durissime, non fecero che suscitare altra violenza. Nei primi anni novanta Parigi fu sconvolta da un biennio di terrore".

[107] Paolo Viola, *Storia moderna e contemporanea. III. L'Ottocento*. Einaudi, 2015. Edizione del Kindle. "La scienza e la tecnologia partorirono anche terribili armi di nuova concezione e i Paesi Europei si imbarcarono in una frenetica e costosa corsa agli armamenti di terra e di mare. Fare la guerra significava mettere in campo un apparato industriale più forte dell'avversario. Sarebbe stato impossibile vincere un conflitto, o anche solo affrontarlo, senza avere alle spalle un'industria pesante di alto livello produttivo. Fuori d'Europa, poi, questa nuova realtà rendeva la guerra più facile: le potenze industriali diventavano talmente superiori ai paesi privi di apparato industriale, che per loro schiacciarli diventava facilissimo, e si aprì, per avidità economica e ambizione politica, l'era dell'imperialismo, con cui il capitalismo europeo si spartiva l'intero pianeta. La necessità era di conquistare grandi mercati per permettere ai nuovi potentati economici di potersi approvvigionare delle materie prime necessarie all'industria e aprirsi a nuovi mercati. Il capitale che era costretto a investire all'estero e a chiedere al proprio governo la protezione degli investimenti attraverso le armi".

[108] Ibidem. "Sul finire del diciannovesimo secolo le potenze imperialiste europee si erano ormai spartite la quasi totalità del mondo. Nei primi ottanta anni del secolo erano stati occupati dagli europei ben 17 milioni di km quadrati, oltre a quelli già acquisiti nei secoli precedenti come l'intera America, settentrionale e meridionale, e la Siberia. Nei trenta successivi ne furono aggiunti altri 22 milioni: un'operazione gigantesca. Parigi e Londra erano più avanti di tutti nella spartizione del mondo. Ma

ineguaglianze che il nuovo modello capitalistico stava causando alla popolazione.

Davanti a tanta ingiustizia "la reazione era inevitabile: le idee rivoluzionarie si diffusero ovunque e l'Europa si trovò divisa in due schieramenti tra loro ostili: «l'alleanza dei popoli sfidò apertamente quella dei Principi»."[109]

In questa difficile e pericolosa situazione si iniziarono a porre in evidenza i limiti di un diritto, sia nazionale che internazionale, legato ancora a vecchie concezioni di stampo illuminista: statico, strettamente procedurale, elaborato prevalentemente da professori, filosofi e diplomatici, più attenti ad una ricostruzione storico-dogmatica delle relazioni che alla realtà che li circondava e che, pertanto, non teneva in alcuna considerazione la società ed il popolo.[110]

Convinti che il diritto non potesse ridursi ad atti autoritari del potere, ma dovesse esprimere la società, alcuni avvocati decisero di riappropriarsi della loro funzione sociale, sarebbero stati i rappresentanti della coscienza dell'umanità. "Il diritto non può mai essere un prodotto della nuda volontà umana... Le nazioni che non hanno un governo uscito dalle proprie viscere, e che servono a

---

anche altri paesi si candidavano alla gara coloniale: la Germania, il Giappone, gli Stati Uniti, e perfino potenze minori come il Belgio e l'Italia".

[109] G. Rolin-Jaequemyns, *De l'étude du droit international et de la législation comparée*, in «Revue de droit international et de législation comparée», I, 1869, p. 236-237. In M. Koskenniemi, 2013, nota 36.

[110] Augusto Pierantoni, *Storia del diritto internazionale del XIX secolo*. G. Margheri, 1876, pg. 31: "Il congresso di Vienna mirò precipuamente a disporre dei paesi ritolti con la vittoria alla conquista dello impero. Gli uomini di stato delegati a quel supremo Sinedrio nulla più vollero sapere di nazionalità, valutarono gli stati per leghe quadrate e per il numero delle anime, come se i popoli fossero una nuova specie di armenti, che quelli abitassero. Fa ribrezzo la lettura delle istruzioni, che il principe di Metternich propose alla commissione di statistica delegata dal Congresso a chiarire le alte parti contraenti della di visione cui dovevano attendere: «La Commissione farà una determinazione precisa dei territori conquistati contro l'imperatore ed i suoi alleati, li valuterà dal punto di vista della popolazione, ponendo a mente in questa stima non soltanto alla quantità, ma benanche alla specie ed alla qualità (1). (Actes du congrès de Vienne, vol. II, p. 189)".

leggi loro imposte di fuori, non han più volontà giuridica, son già divenute mezzi degli altrui fini e quindi cose...."[111]

L'avvocatura, riappropriatasi finalmente della sua primaria funzione, tornò così ad essere una componente dell'élite sociale e culturale ed espresse gran parte del ceto politico. Sull'argomento la collana del Consiglio Nazionale Forense sulla Storia dell'avvocatura in Italia ha già pubblicato opere molto significative a riguardo di autori come Gian Savino Pene Vidari[112] e Antonio Padoa Schioppa.[113]

Anche il diritto internazionale, rimasto ancorato a vecchie concezioni razionalistiche di stampo illuminista, e che non rivelava alcuna concezione della società o della cultura dei popoli europei, doveva essere "ripensato."

Alcuni avvocati - Rolin-Jaequemyns di Gand,[114] Tobias Asser di Amsterdam[115] e John Westlake[116] - iniziarono a lavorare all'idea di fondare una rivista di scienze giuridiche di respiro internazionale.

Il primo numero della rivista *Revue de droit international et de législation comparée*[117] uscì nel 1868 ma, poco dopo, la guerra franco-prussiana - combattuta dal 19 luglio 1870 al 10 maggio 1871- sorprese tutti. Dopo quasi 50 anni di pace la guerra era tornata ad insanguinare l'Europa.

Battuta la Francia, Bismark non solo aveva dettato condizioni di pace (Trattato di Francoforte) estremamente onerose alla

---

[111] Pasquale S. Mancini, *Diritto internazionale*. Marghieri Editore, 1873, pp. 8-9.

[112] Stefano Borsacchi, Gian Savino Pene Vidari, *Avvocati protagonisti e rinnovatori del primo diritto unitario*. Il Mulino, 2012.

[113] Antonio Padoa Schioppa, *Avvocati e avvocatura nell'Italia dell'Ottocento*. Il Mulino, 2009.

[114] Gustave Rolin-Jaequemyns, 1835 - 1902. Nel 1904 gli è stato assegnato il premio Nobel per la pace.

[115] Tobias Michael Carel Asser, 1838 - 1913. Nel 1911 gli è stato assegnato il premio Nobel per la pace.

[116] John Westlake, 1828 -1913.

[117] Trad. Rivista di diritto internazionale e legislazione comparata.

Francia, ma aveva avuto cura di umiliarla facendo proclamare, il 18 gennaio 1871, Guglielmo I "Imperatore tedesco" nella Galleria degli specchi di Versailles, costruita per Luigi XIV. "E, per questo, dal 1871 tutti i paesi europei non pensano che alle guerre di domani."[118]

I governi europei iniziarono ad incrementare i propri apparati bellici e tutti i paesi, ad eccezione della Gran Bretagna, introdussero la coscrizione militare obbligatoria. La corsa agli armamenti produsse insicurezza che, a sua volta, "rese ancora più frenetica la competizione militare."[119]

La situazione, sempre più tesa, indusse a ritenere che la soluzione a tali nervosismi si dovesse cercare nello sviluppo di un diritto internazionale più forte e in istituzioni internazionali capaci di fornire strumenti per comporre pacificamente le dispute.

Nel 1873, nacque *dell'Institut de Droit international*, e giuristi presenti alla riunione[120] elessero presidente Pasquale Stanislao Mancini. Obiettivo dell'*Institute*: "Favorire il progresso del diritto internazionale e tendere a divenire l'organo della coscienza giuridica del mondo civilizzato."[121] Ecco il perno, ed il problema, del diritto internazionale dell'Ottocento che, come vedremo, non riuscì a frenare la marcia verso la follia delle potenze europee.

Ancora una volta, infatti, vennero elaborate dottrine che, se da un lato, riconoscevano l'universale validità dei principi di diritto naturale e umanitario o dei diritti dell'uomo, dall'altro fornivano

---

[118] Eugen Weber, *France: fin de siècle*. Harvard University Press, 1988, p. 105.

[119] M. MacMillan, 2013.

[120] Rolin-Jaequemyns (Belgio), Tobias Asser (Paesi Bassi), Wladimir Besobrasoff (Russia), JK Bluntschli (Germania), Carlos Calvo (Argentina), David Dudley Field (Stati Uniti), Émile de Laveleye (Belgio), James Lorimer (Gran Bretagna), P.Stanislao Mancini (Italia), Gustave Moynier (Svizzera) e Augusto Pierantoni (Italia).

[121] Pasquale Fiore, *Le droit international codifié et sa sanction juridique*, 1890. La fonte suprema del diritto internazionale, scriveva Fiore, è la coscienza giuridica dei popoli europei («convictions juridiques populaires») di Pasquale Fiore (1837-1914) era stato professore di filosofia a Cremona e quindi di diritto internazionale a Pisa e Napoli. Il libro era dedicato ai colleghi dell'Institut. In Koskenniemi, 2013.

argomentazioni - portare la civiltà e il diritto nel mondo - per sostenere un'espansione coloniale che, spesso affidata a compagnie mercantili private, si risolse in veri e propri massacri.[122] "Tra il 1815 e il 1870 lo slogan «*commercio, non governo*» costituiva il nucleo della politica d'oltremare britannica.[123] "In India, nel solo ultimo quarto del XIX secolo sarebbero morte tra i 12,2 e i 29,3 milioni di persone: malgrado le carestie fossero ricorrenti, non si creavano adeguate scorte perché la produzione agricola doveva nutrire la Gran Bretagna. Sappiamo che le razioni alimentari dei campi nazisti erano intenzionalmente insufficienti perché, coerentemente con le premesse socialdarwiniane, dovevano contribuire all'eliminazione dei più deboli. Eppure in India l'amministrazione coloniale inglese arrivò a fornire, per lavori manuali pesanti, razioni inferiori a quelle del lager di Buchenwald nel 1944-45, il periodo in cui la Germania nazista soffrì la massima penuria."[124]

Anche in questo caso si cercò una forma di legittimazione all'occupazione e allo sterminio sotto forma di trattati. "La registrazione del consenso degli indigeni in un trattato di cessione sembrava fornire un insindacabile fondamento giuridico-morale ai titoli territoriali vantati dagli europei"[125] (*A Bon Droit*). In realtà si trattava di una procedura legale, assurda e formalista che mostrava come nulla fosse cambiato dal Requierimento, e le stragi continuarono.[126] Ma "né l'*Institut,* né alcun internazionalista a titolo individuale, avvertirono la necessità di attirare l'attenzione

---

[122] Cfr. Davide Rodogno, *Contro il massacro. Gli interventi umanitari nella politica europea 1815-1914*. Laterza, 2012; David van Reybrouck, *Congo*. Feltrinelli, 2016.

[123] Koskenniemi, 2013.

[124] Zoja, 2011.

[125] Koskenniemi, 2013.

[126] Zoja, 2011: "Secondo alcuni calcoli, tra l'inizio della colonizzazione (intorno al 1880) e la Prima guerra mondiale, il Congo avrebbe perso la metà degli abitanti; poiché la popolazione congolese non era censita, le valutazioni variano fra i 3 e i 15 milioni di morti".

su questi eventi che, per così dire, rientravano nell'imperialismo «*mainstream*» delle Grandi Potenze europee."[127]

L'*Institut* si occupava di sviluppare un diritto internazionale applicabile solo ed esclusivamente alle nazioni considerate "civili"[128] (Stati cristiani dell'Europa e dell'America), e si dedicava alla redazione di convenzioni di diritto internazionale privato e degli aspetti processuali dell'arbitrato internazionale. In questo campo il diritto internazionale compì indubbiamente passi avanti,[129] ma l'elaborare una dottrina in cui i principi di libertà e giustizia valevano solo per le comunità dei popoli "civili", non solo giustificò occupazione e sterminio, ma non riuscì a limitare l'avidità e la violenza delle grandi potenze, e delle loro compagnie commerciali che, "armate fino ai denti... si sfidavano continuamente in prove di forza"[130] per la conquista dei ricchi territori d'oltre mare. "Le colonie diventarono le sorgenti principali della ricchezza nazionale e la maggiore preoccupazione della politica dei governi."[131]

Mentre l'Europa celebrava e illustrava le conquiste della modernità attraverso esposizioni universali,[132] il tramonto

---

[127] Koskenniemi, 2013.

[128] Ibidem. J. Westlake, *Chapters on the Principles of International Law*, Cambridge University Press, Cambridge 1894, pg. 143: "il diritto internazionale deve trattare gli indigeni come popoli non civili. Esso regola, a reciproco beneficio degli Stati civili, le pretese sovrane che questi avanzano nella regione e lascia la questione del trattamento degli indigeni alla coscienza dello Stato cui è attribuita la sovranità".

[129] Nel 1904 l'Institut de Droit international fu insignito del premio Nobel per la pace proprio per il suo impegno per la promozione dell'arbitrato internazionale. Nel 1907 Luis Renaul, nel 1911 Asser e, nel 1920, Bougeos riceveranno il Nobel per la pace per il loro impegno nell'ambito del diritto internazionale privato.

[130] Emilio Gentile, 2008.

[131] A. Pierantoni, 1876, pg. 6.

[132] Emilio Gentile, *Ascesa e declino dell'Europa nel mondo 1898-1918*. Garzanti, 2018. Edizione del Kindle: "Per esaltare maggiormente la superiorità della modernità trionfante della civiltà occidentale, l'Esposizione del 1900 dedicava alle colonie dell'Europa imperiale speciali padiglioni dove, fra esemplari di piante, animali e villaggi esotici, erano messi in mostra esemplari di popolazioni indigene con i loro costumi, che si esibivano in riti e danze tradizionali, mentre nella Esposizione

dell'Occidente pareva imminente. Vi era chi, come oggi, lo vedeva nel calo demografico o nella degenerazione della razza bianca, chi in una imminente guerra tra le potenze europee o nella minaccia proveniente dalle nuove potenze in ascesa in altri continenti.

Così, mentre il pubblico europeo "si appassionava alla lettura di romanzi su immaginarie guerre future fra le nazioni, i continenti e persino i pianeti ... Ossessionata dall'incubo della decadenza, l'Europa imperiale affidava all'uomo marziale, cioè all'uomo moderno rigenerato attraverso la pratica delle virtù militari, la missione di combattere e scacciare lo spettro della degenerazione per salvare la civiltà moderna dalle insidie delle sue perversioni, anche attraverso un crudele bagno di sangue."[133]

Nel 1914 l'Europa scivolò nella guerra senza che, come evidenziò il primo ministro inglese Lloyd George nel suo discorso del 23

---

coloniale francese erano documentati i benefici che il colonialismo apportava alle razze inferiori".

[133] E. Gentile, 2008. "La grande guerra del 189... (Londra 1892), L'ultima grande guerra navale (Londra 1892), La guerra sottomarina (Parigi 1892), La grande guerra in Inghilterra nel 1897 (Londra 1894), La guerra del XX secolo (Parigi 1894), Il terrore che avanza (Sydney 1894), L'invasione nera (Parigi 1895), La grande guerra anglo-americana del 1900 (Londra 1896), L'invasione di New York (New York 1897), La guerra dei Venusiani (Bristol 1898), Come i tedeschi conquistarono Londra (Londra 1900), Il sacco di Londra e la grande guerra della Francia nel 1901 (Londra 1901), La guerra mondiale: il sogno tedesco (Berlino 1904), Popoli d'Europa...! La guerra del futuro (Berlino 1906), La nostra ultima battaglia (Vienna 1907), Il mondo in pericolo nel 1910 (Londra 1907), Berlino-Baghdad: l'impero tedesco mondiale nell'epoca della navigazione area 1910-1931 (Stoccarda 1907), La guerra finale (Berlino 1907), La guerra infernale (Parigi 1908), Europa in fiamme: la futura guerra tedesca del 1909 (Lipsia 1908), Il grande drago rosso (Jacksonville, Florida 1909), L'imminente conflitto delle nazioni, ovvero la guerra fra il Giappone e gli Stati Uniti (Springfield, Illinois 1909), La guerra mondiale nell'aria (Lipsia 1909), L'ombra della gloria: una storia della grande guerra 1910-11 (Londra 1910), Il pericolo giallo (Wiesbaden 1911), Le torpediniere dell'aria: il grande racconto della guerra aerea fra la Francia e la Germania (1912), La macelleria dell'umanità (Lipsia 1912), La fine della Francia nel 19?? (Lipsia 1912), La fine della Prussia e lo smembramento della Germania (Ginevra 1913), Come bombarderemo Berlino (Parigi 1913), La guerra europea (1914)".

dicembre 1920, nessun governo l'avesse voluta effettivamente: "tutti, in certa guisa, vi sono sdrucciolati, barcollati, inciampati dentro."[134]

La guerra, dichiarata il 28 luglio 1914, non sorprese Vilfredo Pareto, che da molti anni criticava l'espansionismo coloniale, la cosiddetta "pace armata", le imprese africane e le spese militari. Per Pareto non vi erano dubbi, "la guerra è stata scatenata da Stati che avevano lo stesso scopo: consolidare l'egemonia, favorire l'espansione, impedire agli avversari di realizzare programmi d'ingrandimento territoriale e coloniale."[135]

Justitia e pace, era questo il motto dell'*Institut*. Eppure loro, come gli altri giuristi, avevano lavorato solo per una parte dell'Umanità.[136] La Prima guerra mondiale ci aveva messo dolorosamente davanti ad una saggezza antica: se una situazione è giusta o sbagliata, prima o poi ci riguarda.[137]

Novecento

Il diritto internazionale, che doveva portare la pace tra gli stati, aveva fallito.

Si iniziarono, quindi, ad elaborare diverse teorie per costruire un nuovo diritto. Alcune teorie continuarono a porre l'accento sulla coscienza collettiva, sui valori, sulla società e la giustizia, e sul ruolo dei giuristi e degli avvocati, ai quali era affidato il compito costruttivo del diritto di domani.

---

[134] Francesco Saverio Nitti, *L'Europa senza Pace*. goWare, 2014. Edizione del Kindle.

[135] Vilfredo Pareto, *La Prima guerra mondiale. Le cause, le conseguenze*. Editrice La Scuola, 2015. Edizione del Kindle.

[136] Gustavo Gozzi, 2011: "Il Preambolo alla I Convenzione della Seconda Conferenza di Pace svoltasi all'Aja nel 1907 menzionava la solidarietà dei membri delle nazioni civili (la solidarité qui unit les membres de la société des nations civilisées)".

[137] Luigi Zoja, *Giustizia e bellezza*. Bollati Boringhieri, 2007. Edizione del Kindle.

Altre teorie, invece, si rifugiarono nel formalismo e nell'espressione più alta del positivismo giuridico, di cui Kelsen fu l'esponente principale con la "*Dottrina pura del diritto.*"[138]

Una teoria in cui il diritto, svincolato dalla società, dai valori, dalla giustizia, doveva trovare la sua validità nella norma stessa all'interno di un sistema gerarchico di fonti,[139] ed in cui il giurista non doveva preoccuparsi dei rapporti tra la norma e la società in cui questa trovava applicazione, né esprimere un giudizio sul valore morale della norma, ma limitarsi ad esaminarne la validità ed applicarla in quanto esistente. "E proprio qui stava il problema",[140] perché elaborare un diritto, completamente sganciato dai valori e dalla società, ridotto ad un formalismo giuridico in cui ciò che conta è la forma della norma, non il suo contenuto, si presta ad abusi di ogni sorta, come infatti avvenne.

Ebbe inizio un periodo di dittature e di totalitarismi. Il diritto, venne ab-usato per giustificare inimmaginabili orrori, mentre la classe forense, che nell'Ottocento aveva cercato di riappropriarsi della sua primaria funzione sociale, subì attacchi di ogni tipo.

Nel 1926 il regime fascista sciolse i Consigli dell'Ordine e cancellò dagli albi migliaia di avvocati.[141] Il Sindacato fascista venne riconosciuto come "unico rappresentante della classe

---

[138] Koskenniemi, 2013. "La sua opera è oggi conosciuta da quasi tutti gli internazionalisti, molti dei quali continuano ad ammirarlo come teorico del diritto. Un'ammirazione che quasi senza eccezioni è mitigata dalla considerazione che, certo, si trattava solo di una teoria che in quanto tale non si sarebbe mai potuta realizzare in pratica. È una posizione problematica: dire che quella teoria è giusta e, ciò nonostante, inservibile o persino pericolosa, e che la virtù morale risiede nel nostro operare pragmaticamente, tradisce un'ammirazione alquanto contestabile per la professione al massimo del suo burocratismo, ossia una forma di elitismo stolidamente incapace di autocritica".

[139] Natalino Irti, *Nichilismo giuridico*. Laterza, 2014. Edizione del Kindle: "Lo Stufenbau kelseniano è un geometrico e rigoroso edificio che non si dà cura dei proprî abitanti: esso è capace di tradurre in norma qualsiasi contenuto... Il formalismo si svela nelle procedure produttive di norme, nel predisporre le macchine artificiali che, di tempo in tempo, distruggono e costruiscono il mondo del diritto".

[140] Koskenniemi, 2013.

[141] R.D. n. 747 del 6.5.1926.

forense"[142] e, istituito il Consiglio Superiore forense, ne venne regolamentata la modalità di elezione e funzionamento.[143]

Nel 1933 vennero soppressi gli Ordini forensi, demandata ai Sindacati la competenza disciplinare e la custodia degli albi, nonché il compito di fissare i criteri di massima per la determinazione degli onorari e delle indennità,[144] così da poter avere un controllo sull'attività professionale anche a livello economico.[145]

Gli avvocati divennero oggetto di una propaganda feroce che aveva lo scopo di delegittimare la categoria anche davanti all'opinione pubblica. "Tornò in voga la figura del paglietta, identificato con l'avvocato goffo arruffone, che da una contestualizzazione napoletana finì per diventare un simbolo nazionale, prendendo ormai il posto dell'azzeccagarbugli lombardo, del cavalocco toscano e del mozzorecchi romano."[146]

Il diritto si ridusse a legge e dalle istituzioni forensi non si alzò alcuna voce di dissenso.

Davanti a questo tipo di sistema giuridico, assolutamente inconsapevoli del disastro che contribuivano a creare, molti giuristi trovarono conveniente nascondersi dietro la pura forma, come nel caso delle leggi razziali: "il problema, dal punto di vista giuridico, è affrontato in modo per così dire "tecnico" ... è l'atteggiamento prevalente che ebbero i giuristi verso le leggi razziali, e cioè una presa non di distanza, ma di indifferenza, come

---

[142] R.D. n. 1130 del 1.7.1926. Antonella Meniconi, *Le istituzioni dell'avvocatura italiana tra le due guerre*. In *Cultura e tecnica forense tra dimensione siciliana e vocazione europea*, a cura di F. Migliorino, G. Pace Gravina. Il Mulino, 2013.

[143] RD n. 1683 del 26.08.1926.

[144] RDL n. 1578 del 27 novembre 1933, convertito, con modificazioni, dalla legge 22 gennaio 1934, n. 36.

[145] Cfr. Antonella Meniconi, *La «maschia avvocatura»*. Il Mulino, 2007.

[146] Stefano Vinci. *Una regola per i Paglietta. L'esercizio della professione forense durante il fascismo*. In Annali della Facoltà di Giurisprudenza di Taranto, anno I, n. 2, Cacucci, Bari, 2008, pp. 525-546.

se si trattasse semplicemente di nozioni di carattere tecnico che, quindi, non meritavano né una presa di distanza né una critica."[147]

Il rifugiarsi dietro ai dogmi che calavano dall'alto permetteva agli avvocati di non far l'atroce sforzo di dover compiere una scelta personale, né di assumersi la responsabilità delle conseguenze pratiche delle proprie azioni. "La fragilità della virtù e l'eterna presenza del male nelle nostre vicende spesso non avvengono perché gli uomini scelgono di essere malvagi ma, al contrario, perché non scelgono; perché hanno troppa paura di assumersi una responsabilità. Sfortunatamente, la responsabilità continua a esistere: non potendo essere eliminata, verrà proiettata all'esterno. È per questo che gran parte di noi cerca un'autorità che dispensi scelte preconfezionate. Con questa modalità apparentemente etica, molti riescono ad evitare il territorio dei problemi etici: non esitano mai, non si fermano mai davanti a un bivio, non hanno bisogno di soppesare la qualità morale dei propri comportamenti, agiscono per riflesso condizionato."[148]

Terminato il fascismo i giuristi cercarono riparo al loro comportamento dietro a giustificazioni tanto semplici quanto ingenue, come quella di aver agito in buona fede: "la buona fede in sé non è sufficiente a giustificare le conseguenze concrete dell'azione: dei suoi risultati in qualche modo prevedibili, come ha sostenuto Max Weber, ci si dovrebbe assumere la responsabilità."[149]

Il mondo, finita la Grande guerra, aveva bisogno di giustizia, arrivarono invece i "giustizieri" che, ab-usando di un diritto completamente sganciato dai valori e dalla società, e privando

---

[147] Guido Alpa. *1938. I giuristi italiani, il codice civile e le leggi razziali*. In https://portale.consiglionazionaleforense.it/documents/20182/276686/2014-01+III-01+ALPA+GIURISTI+ITALIANI+CODICE+CIVILE+E+LEGGI+RAZZIALI.pdf/49a79402-d257-4edf-a360-eaff7815b9ff?version=1.0

[148] Luigi Zoja, *Al di là delle intenzioni*. Bollati Boringhieri, 2017. Edizione del Kindle.

[149] Ibidem.

giuristi del loro fondamentale ruolo, trascinarono il Vecchio continente in un secondo devastante conflitto.

Costituzionalismo

Alla fine della Seconda guerra mondiale il mondo aveva visto orrori inimmaginabili: l'olocausto, i gulag,[150] le bombe atomiche, le deportazioni di massa[151] e quasi il doppio delle vittime della Prima guerra mondiale. L'Europa ne era uscita distrutta. Tutto era da ricostruire e ripensare, dai modelli istituzionali ed economici a quel diritto che, svincolato da qualsiasi valutazione sul contenuto delle norme e completamente in mano al potere, aveva permesso l'emanazione di leggi aberranti e l'instaurarsi dei totalitarismi.

Una sola voce si alzò dal vecchio continente: mai più. Mai più alla guerra e ai suoi orrori, mai più all'onnipotenza del legislatore e delle maggioranze che avevano consentito l'avvento delle dittature.[152] Caduto il mito illuminista, secondo cui la maggioranza opererebbe sempre secondo il meglio, si impose il costituzionalismo, ossia un sistema di costituzioni rigide,[153] sovraordinate alla legislazione ordinaria, in cui vennero fissati principi cui il potere e la maggioranza non potevano derogare.

---

[150] Luigi Zoja, 2011: "Verso la fine degli anni quaranta si stima che nei gulag fossero ormai rinchiuse fra i 12 e i 14 milioni di persone".

[151] Ibidem. "Dopo il 1945 si cacciarono, espulsero, deportarono circa 15-16 milioni di tedeschi da territori che avevano abitato per secoli. Quelli che non sopravvissero allo «spostamento» furono tra i 2 e i 2,5 milioni. Si trattò della più vasta migrazione involontaria della storia umana, nonché del primo e maggiore caso di quella che oggi è chiamata «pulizia etnica» ed è considerata un crimine contro l'umanità... Alla brutalità senza quartiere dei combattimenti si aggiunse una brutalità estrema verso la popolazione civile. I tedeschi maschi erano in gran parte sotto le armi e si ritiravano col fronte. Bisognava convincere anche le donne. Si verificò così il maggior episodio di stupro collettivo registrato dalla storia".

[152] Cfr. Luigi Ferrajoli, *La democrazia attraverso i diritti*. Laterza, 2013. Edizione del Kindle.

[153] Si definiscono rigide quelle costituzioni che non sono modificabili se non con procedure di revisione aggravate.

Con il costituzionalismo si tentava di comporre il contrasto tra diritto e legge, positivizzando quei principi ritenuti inoppugnabili, irrinunciabili e indiscutibili, che nessuna maggioranza o accordo, avrebbero mai potuto violare.

Purtroppo, il tentativo non avrà, come appare evidente anche oggi, il successo sperato. Ancora una volta i principi enunciati, privi di efficaci garanzie istituzionali o meccanismi di attuazione, troppo spesso sono rimasti astratti, o applicati secondo convenienza, quando non apertamente violati.

Oltre a ciò, il costituzionalismo chiedeva al giurista l'abbandono del "comodo rifugio di un sapere astratto",[154] gli chiedeva di assumersi le responsabilità insite nel suo ruolo per dare esistenza concreta a quei principi e, poi, difenderli dagli abusi del potere.

Invece, la maggioranza dei giuristi si è interessato solo alla ricostruzione logica delle istituzioni, all'applicazione delle norme.[155] "È questa la maggiore colpa della scienza giuridica. La scienza giuridica deve riconoscere le sue colpe nell'avere costruito il sistema di diritto e nell'avere cercato di spiegarlo in termini che prescindevano dai contenuti sostanziali. Normativismo e positivismo logico (come modi di comprensione della realtà e del diritto) sono modi che prescindono dai soggetti concreti e annegano il soggetto nelle norme."[156]

---

[154] Paolo Grossi, *Sulla odierna fattualità del diritto*. Giustizia Civile. 1/2014. In http://giustiziacivile.com/giustizia-civile-riv-trim/sulla-odierna-fattualita-del-diritto

[155] Fulvio Di Blasi, *Ritorno al diritto: Miti e leggende della scienza giuridica moderna*. Phronesis Editore, 2018. Edizione del Kindle. La stragrande maggioranza si è abbandonata alla cultura del formalismo che spinge a non pensare: "ci si adagia sul fatto che la procedura lo consente, che gli atti sono formalmente corretti, che la verità del processo è un'altra cosa, ecc. Gli avvocati, dal canto loro, anche quelli con grande coscienza morale, sono troppo di frequente portati a usare norme e procedure in modi forse formalmente corretti ma che loro stessi, se intervistati dopo la partita, giudicherebbero moralmente inammissibili". Altri invece, hanno ab-usato del diritto per servire il "Principe", e con escamotage tecnico-giuridici molto raffinati, hanno trasformano il diritto in ingiustizia.

[156] Pietro Rescigno, *Il diritto privato come limite all'autonomia privata*. In G. Piva, F. Spantigati, *Metastabilità giuridica*. Bulzoni, 1989, p.35.

I giuristi, rinunciando alla loro primaria funzione, hanno abbandonato il diritto che è diventato un prodotto del potere e "suo principale strumento di governo."[157] "Gli anni, che ci dividono dal 1945, non hanno recato né stabilità di leggi, né rinascita di tradizioni dottrinarie, né continuità di sistema. Tutto ciò che è accaduto in termini di diritto dal 1945 in poi si è svolto, e si svolge tutt'ora, fuori dal controllo logico-sistemico dei giuristi i quali non costituiscono più il nucleo della classe politica né hanno forza di orientarne le scelte. La volontà normativa – che sia affidata o a burocrati e tecnocrati dell'Unione Europea, o a coalizioni di governo regionale e nazionale – si elabora e s'esprime lontano dalla cerchia e dalla cultura dei giuristi."[158]

La guerra fredda

Terminata la Seconda guerra mondiale i conflitti proseguirono "non tanto per ragioni militari, ma per ragioni politiche, ideologiche ed economiche legate allo sfruttamento della vittoria",[159] tramutandosi nella c.d. guerra fredda. Una guerra per assicurarsi l'egemonia sul mondo che, combattuta tra Stati Uniti ed Unione Sovietica per imporre la propria ideologia al mondo, si connoterà non solo in conflitti palesi,[160] ma soprattutto, visto

---

[157] Luigi Ferrajoli, *La democrazia attraverso i diritti*. Laterza, 2013. Edizione del Kindle.

[158] Natalino Irti, 2014.

[159] Fabio Mini, *Perché siamo così ipocriti sulla guerra. Un generale della NATO racconta*. Chiarelettere, 2012. Edizione del Kindle.

[160] Danilo Zolo, *La giustizia dei vincitori: Da Norimberga a Baghdad*. Laterza, 2014. Edizione del Kindle: "Come è noto, entrambe le superpotenze hanno ripetutamente violato i principi enunciati nel preambolo della Carta delle Nazioni Unite, tutelandosi in sede di Consiglio di sicurezza, e tutelando i propri alleati, con l'uso sistematico del diritto di veto. Esse si sono impegnate in lunghi conflitti armati: gli Stati Uniti in Vietnam, l'Unione Sovietica in Afghanistan. Oppure hanno condotto per proprio conto singole operazioni militari, come gli interventi in Guatemala (1954), Libano (1958), Cuba (1961), Santo Domingo (1965), Grenada (1983), Libia (1986) e Panama (1989) da parte degli Stati Uniti e come le azioni militari dell'Unione Sovietica in Europa orientale nel 1956 e nel 1968. In un solo

l'esplicito divieto all'uso della forza di cui all'art. 2 della carta ONU e il pericolo di conflitto nucleare, in maniera occulta, attraverso la guerra psicologica,[161] come comunica con orgoglio il presidente degli Stati Uniti Eisenhower: "Nella guerra fredda, il nostro scopo non è sottomettere o conquistare con la forza un territorio. Il nostro scopo è più sottile, più pervasivo, più completo...Non ci si inquieti per questo termine; è solo una parola di cinque sillabe. "Guerra psicologica": è la battaglia per la conquista delle menti e la volontà degli uomini."[162]

Una guerra dall'importanza strategica fondamentale perché "nessun sistema di potere può sopravvivere poggiando esclusivamente sulla coercizione e sulla forza. L'uso della forza, infatti, deve essere affiancato o, se possibile, sostituito, da strategie di manipolazione e persuasione che inducono sia i membri dei gruppi dominanti sia i membri dei gruppi subordinati a convincersi della legittimità morale e intellettuale delle distinzioni esistenti."[163] Queste strategie di manipolazione della realtà si chiamano miti, ossia credenze che "non poggiano su evidenze empiriche, ma su concezioni e prese di posizione aprioristiche."[164]

Nella primavera del 1947 era già attiva nel Vecchio continente l'*Education Board for Europa of Uno*: un'organizzazione

---

caso gli Stati Uniti sono stati condannati dalla Corte internazionale di giustizia per il loro sostegno alle milizie contras in Nicaragua, ma il governo statunitense, usando il potere di veto, ha neutralizzato la decisione della Corte".

[161] Cfr Nara, rg 226, s.210, b. 432, f.8: Manuale di intelligence per la propaganda occulta, 16 maggio 1946. "La guerra psicologica è ...uno dei mezzi più efficaci a disposizione di un governo, di una organizzazione o di un gruppo, per l'esercizio di pressioni segrete che possono assumere forme politiche, economiche o militari, in patria o all'estero".

[162] Dwight D. Eisenhower, cit. in *Blanche Wiesen Cook, The Declassified Eisenhower: A Divided Legacy of Peace and Political Warfare*, New York, Doubleday, 1981. In Frances Stonor Saunders, *La guerra fredda culturale*. Fazi Editore, 2013. Edizione del Kindle.

[163] Chiara Volpato, *Le radici psicologiche della disuguaglianza*. Laterza, 2019. Edizione del Kindle.

[164] Ibidem.

americana per la "rieducazione" dei popoli d'Europa che, attraverso sussidi a società culturali, università, accademie, scambi di studenti e distribuzione di borse di studio, punta a modificare insegnamento e testi scolastici (unificazione dell'insegnamento della storia, unificazione dei libri scolastici in Europa).[165]

Obiettivi non erano, però, solo la scuola e le università, ma ogni settore della cultura del paese: libri, giornali, programmi teatrali, pellicole cinematografiche, mostre, programmi radiofonici, televisivi, ecc., tutto viene controllato, selezionato e approvato dagli operatori di guerra psicologica prima di giungere sul territorio "bersaglio" con il preciso scopo di condizionare le idee e le emozioni del popolo.[166]

---

[165] Aldo Sabino Giannuli, CTU *Archivio Campari*, *Gli Alleati e l'evoluzione politica del primo dopoguerra: le origini del servizio parallelo*, pg. 22. Marco della Luna, Paolo Cioni, *Neuroschiavi*, Macro Edizioni, 2009, pg. 53- 59: «... impadronirsi dei bambini per formarli e condizionarli è nell'agenda di ogni Stato, totalitario o liberale che si definisca... l'istruzione e la formazione per la generalità dei giovani mira, e ha sempre mirato attraverso la storia, ad adattarli al programma e agli interessi della classe dominante... William Torrey Harris, US Commissioner of Education dal 1889 al 1906, scrisse: "Novantadue studenti su cento sono automi, attenti a marciare su sentieri prescritti, attenti a seguire gli usi prescritti. Ciò non è un caso, ma il risultato di una effettiva educazione che, scientificamente definita, è la sussunzione dell'individuo"... durante la sua carica il Magnifico Rettore di Harvard dal 1933 al 1953 James Bryant Conand scrisse che il passaggio ad un sistema educativo forzato, rigido, distruttivo delle potenzialità, era stato richiesto da certi industriali e innovatori che stavano alterando la natura del processo industriale».

[166] Saunders, 2013. Allen Dulles - vice presidente dell'ACUE, responsabile del National Committee for a Free Europe e futuro direttore C.I.A - si attivò, poi, per creare una coalizione (Consorzio) imprenditoriale di fondazioni filantropiche, imprese, istituzioni e privati a cui, negli anni, la Cia fece giungere fondi per un numero sterminato di "programmi" - operazioni psicologiche coperte - riguardanti gruppi giovanili, sindacati, operai, università, giornali, case editrici, ecc., con l'obiettivo di: «Vaccinare il mondo dal contagio del comunismo e facilitare il conseguimento degli interessi globali della politica estera statunitense». Il risultato fu una rete di persone, notevolmente integrata, che lavorò gomito a gomito con l'agenzia per promuovere un'idea: il mondo aveva bisogno di una "pax americana", di un nuovo "Illuminismo" che sarebbe stato ribattezzato "il secolo americano". Il 4 aprile 1951, con una direttiva presidenziale di Truman, venne istituito lo Psychological Strategy Board (Psb) che - con un organismo composto dal sottosegretario di Stato, dal vice segretario della Difesa e dal direttore della Cia ed il cui programma di intervento abbracciava tutti i campi del pensiero umano - aveva come obiettivo: «Non solo contrastare il comunismo, ma anche spezzare in tutto il mondo gli schemi dottrinari di pensiero che forniscono una base intellettuale a

La guerra fredda culturale che si combatte per decenni ha effetti devastanti.

Nelle Università non si insegna più il sapere, ma il saper fare, "alleggerito da ogni bagaglio e peso "culturale" perché considerato "estraneo o avverso alla calcolante "efficienza" dei mercati."[167]

Il risultato è una formazione inadeguata, ed una conseguente incapacità professionale, perché la semplificazione, l'artificioso riduttivismo - "il suo corrispondente pragmatico è la specializzazione"[168] - se da un lato "favorisce le spiegazioni tecniche e scientifiche", dall'altro porta inevitabilmente a non prestare la dovuta attenzione all'atto di pensare e si trasforma, facilmente, in un pragmatismo senza limiti che porta ad entrare in rapporto con la realtà in modo cinico e in relazione con il potere in modo corrotto.

Una modalità devastante che, come abbiamo già analizzato nel capitolo dedicato all'illuminismo giuridico, non solo danneggia la comprensione, ma rende chi vi si dedica incapace di autocritica.

"Nel 2009, In visita alla London School of Economics, la Regina Elisabetta aveva chiesto "come mai soltanto pochi economisti avessero previsto la crisi del 2008.

Dieci autorevoli economisti inglesi avevano poi scritto alla Regina una lettera, in cui affermavano che la ragione principale dell'incapacità della professione di dare avvertimenti tempestivi

---

dottrine ostili agli obiettivi americani».

[167] Natalino Irti, 2014.

[168] Luigi Zoja, *Contro Ismene*. Bollati Boringhieri, 2017. Edizione del Kindle: "Per riduttivismo intendiamo una prospettiva della conoscenza che sostituisce le esperienze multiformi e i punti di vista complessi con uno solo. Un simile atteggiamento seduce l'osservatore per la sua funzionalità, ma impoverisce l'oggetto osservato. Favorisce le spiegazioni tecniche e scientifiche, ma danneggia la comprensione e la profondità dell'esperienza... Il riduttivismo è una povertà del pensiero, della comprensione, della compassione. Se fosse miseria materiale si potrebbe intravvedere il suo superamento: l'economia, in fondo, come la scienza, segue un progresso cumulativo. È, invece, miseria dell'anima".

della crisi imminente era una formazione inadeguata degli economisti[169]."

Una preparazione concentrata solo sulle tecniche matematiche, ma ignara delle questioni economiche importanti che, come conseguenza, aveva prodotto una generazione di "*idiot savant*."[170]

La lettera proseguiva evidenziando come, "nella preparazione degli economisti vengono omesse la storia economica, la filosofia, la psicologia, ecc. c'è un tipo di giudizio, quello cui si può attingere immergendosi nella letteratura e nella storia, che non può essere espresso adeguatamente in modelli matematici. In breve: la matematica decontestualizza i suoi oggetti, non è in contatto con la realtà. Questa carenza - proseguono i dieci autorevoli economisti - non permette che vengano messe in discussione né l'opinabile credenza in una razionalità universale, né l'ipotesi di mercati efficienti...C'è un tipo di giudizio, quello cui si può attingere immergendosi nella letteratura e nella storia, che non può essere espresso adeguatamente in modelli matematici. In breve: la matematica decontestualizza i suoi oggetti, e in campo economico ciò comporta il rischio del riduzionismo e della falsa neutralità."[171]

Il pericolo di dare in mano ad una persona non formata un'abilità tecnica era un rischio di cui già ci avvertivano gli antichi.

Il mito di Icaro tutti lo conosciamo, ma ne ricordiamo normalmente solo una parte. Come ci ricorda il prof. Luigi Zoja, però, il mito non si rivolge solo all'individuo, ma "a tutta la civiltà che sulle tecniche fonda il suo corso."[172]

---

[169] Giorgio Lunghini, *Conflitto, crisi, incertezza*, Bollati Boringhieri, 2012. pp. 30-31.

[170] Significa autistici. Traduzione letterale: "idioti sapienti".

[171] Lunghini, 2012.

[172] Luigi Zoja, *Storia dell'arroganza. Psicologia e limiti dello sviluppo*. Moretti & Vitali, 2003, pp. 144-147.

L’ammonimento che il mito voleva dare alla collettività è rappresentato da Dedalo, padre di Icaro. Ricordiamo quale.

Dedalo era un artigiano ed un inventore di abilità insuperate. Invidioso perché il nipote Talo, suo apprendista, lo stava superando in abilità, lo uccide. Bandito da Atene si rifugia a Creta, dal re Minosse.

A Creta Dedalo pone la sua abilità tecnica al servizio della moglie di Minosse, Pasifae, “che si era perdutamente innamorata di un toro”, costruendole “il perfetto simulacro di una vacca, all'interno del quale la regina si racchiuse, e poté così essere posseduta dall'animale. In questo abbraccio mostruoso fu concepito il Minotauro, cui sono collegati altri miti.”

Minosse, scoperto l’inganno, “punì Dedalo, rinchiudendolo insieme al figlio Icaro nel Labirinto da lui stesso ideato. Qui i due tentano la fuga. Dedalo costruisce due paia di ali. Un paio per sé e un paio per Icaro, cui raccomanda: «Vola con me. Non scendere troppo basso, vicino al mare, perché gli spruzzi potrebbero bagnare le penne e appesantirle fatalmente; e non levarti troppo in alto, avvicinandoti al sole, perché il suo calore fonderebbe la cera che le tiene unite». Inebriato dalla gioia del volo, Icaro dimentica presto gli avvertimenti del padre, vola sempre più in alto, sinché, fatalmente, precipita… La necessità di seguire una giusta via di mezzo è raffigurata dall'avvertimento di non volare né troppo alto né troppo in basso.”

Se si pone attenzione al mito ci si rende conto che “la causa remota della fine di Icaro sta nel padre”, Dedalo, che per orgoglio uccide Talo e la cui arroganza lo porta a non rispettare i limiti naturali, “permette che la tecnica umana inganni e perverta la natura, prima facendosi promotore del mostruoso amore fra il toro e la regina, poi togliendo penne ai volatili per darle all'uomo.”

Dedalo, uomo non formato,[173] ma in possesso di una straordinaria abilità tecnica, "non modera né le proprie ambizioni, né gli usi, che altri fanno, delle sue creazioni."[174]

Il mito, infine, ci parla anche di "una maledizione decisiva che pesa su ciò che è artificiale, arte-fatto. Sembra che quando l'uomo giunge a manipolare radicalmente la natura, l'esigenza mitica di un castigo diventi irrefrenabile, nel suo intento di restaurare l'ordine turbato."

---

[173] Cfr. Max Scheler; Giuliana Mancuso, *Formare l'uomo. Scritti sulla natura del sapere, la formazione, l'antropologia filosofica*. Franco Angeli Edizioni, 2011. Edizione del Kindle. Contrariamente a quanto si crede oggi la formazione non è "preparazione a qualcosa", "a" una professione, "a" un mestiere, "a" un lavoro di un qualsiasi tipo. La formazione non ha, per così dire, scopi "esterni". La formazione ha un compito molto più importante, che è quello di educare, indirizzare, coltivare l'anima. È diretta all'educazione spirituale dell'uomo. L'acquisizione di nozioni direttamente utilizzabili nel mondo del lavoro non è formazione. L'uomo formato è l'uomo discreto, sobrio, umile, non eclatante, silenzioso, non appariscente, naturale, e sempre consapevole dei propri limiti.

[174] Zoja, 2003.

Tecniche di presa del potere: oggi

"Un nuovo potere si è imposto al mondo. Potenti detentori di capitali globali con l'aiuto dei loro avvocati d'affari non solo hanno trovato il modo di utilizzare la legge per i propri interessi; hanno trasformato le legislature, le autorità di regolamentazione, persino i tribunali nella maggior parte dei paesi, in agenti che servono i loro interessi, piuttosto che quelli dei cittadini di cui sono formalmente responsabili"

Katharina Pistor

All'alba della globalizzazione vi era chi, in Italia, aveva salutato con favore il nuovo paesaggio giuridico che si stava delineando, sperando che il pluralismo giuridico potesse condurre al superamento di una mentalità e cultura giuridica che, accecata dal "culto della legge"[175] e dall'ossequio alla gerarchia delle fonti, da troppo tempo aveva relegato i giuristi ad "esegeti e spiegatori passivi di una volontà (quella contenuta nella legge)"[176] che non esprimeva la società ma che, come sottolineato anche da Antonino Cassese, aveva prodotto giuristi "più presi dalla costruzione di cattedrali dottrinali che al massimo consentono critiche formali alla società, che dalla realtà che li circonda... una realtà di violenza, sangue, conflitti quotidiani."[177]

Purtroppo ciò non è accaduto. Chi aveva più "dimestichezza" con un modello non gerarchico di diritto, come i giuristi della *common law*, ha trovato maggiore facilità a adeguarsi alla nuova

---

[175] Cfr. Paolo Grossi, *Società, diritto, Stato. Un recupero per il diritto*. Giuffrè, 2006.

[176] Paolo Grossi, *Ordine/compattezza/complessità. La funzione inventiva del giurista, ieri ed oggi.* Editore Satura, 2012, pg. 25.

[177] Antonio Cassese, *L'esperienza del Male*. Il Mulino, 2011, pg. 226.

conquista, mentre i giuristi della *civil law* si sono trovati impreparati e persi,[178] e l'auspicata opportunità data dalla globalizzazione per "creare una nuova mentalità giuridica" ed elaborare un diritto non più "monopolio del Principe moderno" pare, ad oggi, non essere stata colta dalla maggior parte degli avvocati e dei giuristi della *civil law*.[179]

Questo, come evidenzia nel suo saggio Katarina Pistor, professoressa di diritto comparato alla Columbia University e direttrice del Center on Global Legal Transformation, "ha comportato un vantaggio competitivo di grande rilevanza ed oggi il diritto globale è per la maggior parte "creato" in uffici legali, e costruito intorno a due sistemi giuridici nazionali, quello inglese e americano, completati da alcuni trattati internazionali e da una vasta rete di accordi Commerciali e di investimento bilaterale."[180]

L'abbandono di un settore strategico come il diritto ha permesso che alcuni poteri conquistassero il mercato globale del diritto commerciale[181] e finanziario attraverso un'attività normativa che, giocata come una partita a scacchi, spesso non viene percepita se non quando il progetto è giunto al termine, ed a

---

[178] Natalino Irti, 2014: "...Tutto ciò, che garantiva unità e verità del diritto, è ormai tramontato.... Nihil medium: in mezzo, nessuna istanza di equilibrio e di forza pacificante, ma soltanto il vuoto, in cui le due potenze si precipitano con impeto ed esiti imprevedibili.... Il metodo esprime l'estremo sforzo di salvare, sotto veste di neutrale tecnicismo, un mondo ormai perduto. Il mondo non c'è più; ma resta il metodo, e il giurista può così attingervi ancora il proprio valore e la dignità scientifica della propria fatica. Egli, in certo senso, vuole quel metodo, perché non è più in grado di volere quel mondo – ma - Nessuna dottrina del metodo può restituirci ciò che è tramontato ... Questa non è la consueta e banale critica al legislatore nazionale o europeo; ma – oserei dire – il destino del diritto nel nostro tempo".

[179] Cfr. Paolo Grossi, *Globalizzazione e pluralismo giuridico*. In Quaderni Fiorentini, n. 29, Giuffrè editore Milano, 2000.

[180] Katharina Pistor, *The Code of Capital*. Princeton University Press, 2019.

[181] Maria Rosaria Ferrarese, *La geografia mobile della governance globale*. In Gnosis, 2/2020: "Così si è consolidata, ad esempio, la lex mercatoria per gli scambi commerciali transnazionali, creata dalle 'multinazionali del diritto', ossia da law firms megagalattiche, soprattutto americane. Si tratta dunque di un diritto rimodellato e privatizzato, che torna talora a forme pre-statuali e perde la sua necessaria identificazione con fini di pubblico interesse".

cui è difficile per gli Stati porvi rimedio sia perché le norme penetrano all'interno degli Stati non perché vincolanti - si pensi agli standard - ma perché seguite da tutti, "sia perché possono coinvolgere anche Stati che non siano parte del regime che produce determinate norme."[182] Quello che ne scaturisce è un "diritto globale senza stato" in cui "i governi privati, i regolamenti privati e la giustizia privata stanno diventando fonti giuridiche centrali."[183]

Oggi, infatti, governi privati, privi di legittimazione democratica, producono norme indipendentemente dagli Stati e dalla loro politica e, attraverso un uso strategico del diritto e del mercato, creano regimi giuridici e sviluppano auto-valori completamente avulsi dalla realtà attestando quella che il prof. Natalino Irti definisce la *nientità* del diritto: "Il vorticoso succedersi di norme giuridiche, emanate modificate abrogate in tutte le officine della terra, attesta la 'nientità' del diritto, la convinzione che esso sia producibile con la forza esclusiva ed arbitraria della volontà."[184]

Il risultato è, come evidenzia l'ex presidente del Consiglio Nazionale Forense, Guido Alpa, una erosione dei diritti fondamentali allarmante: "Nessuno poteva immaginare che nel nuovo millennio lo scenario dei diritti si sarebbe presentato con queste tinte fosche che avrebbe suscitato un così profondo allarme. Viene pure sovvertita la naturale convinzione che i diritti – in particolare i diritti che riguardano la persona intesa come individuo e la persona intesa come membro di una collettività o di

---

[182] Sabino Cassese, 2013. "Il risultato è la formazione di un sistema relativamente autonomo di produzione di diritto oltre lo Stato (law making beyond the State)".

[183] Gunther Teubner, *La cultura del diritto nell'epoca della globalizzazione*. Armando Editore, 2013. Edizione del Kindle: "Le istituzioni giuridiche che stimolano il processo globale di produzione giuridica sono le organizzazioni internazionali, le imprese multinazionali, gli uffici legali internazionali, i fondi globali, le associazioni globali e le corti di arbitrato globali. Nell'epoca della globalizzazione i processi di produzione giuridica si spostano dai centri del diritto".

[184] Natalino Irti, 2014.

un gruppo – siano oggetto di un processo lineare che si orienta verso sempre maggiori livelli di apprezzamento e di protezione... Lo stato delle cose ci avverte dunque del fatto che, quando si tratta di diritti che coinvolgono la persona, non si deve mai abbassare la guardia."[185]

Ed invece la guardia è stata abbassata e, terminata la guerra fredda, se la competizione tra modelli ideologici della società è diventata obsoleta, la guerra normativa occupa il campo cognitivo in modo esponenziale."[186]

Una guerra che non si combatte più tra Stati, abilmente marginalizzati dal gioco del potere, ma tra Principi moderni, ossia tra oligarchie private che, più ricche degli Stati,[187] hanno propri strumenti politici, comunicativi, legali e militari.[188] "Oggi le maggiori multinazionali si sono già comprate le compagnie

---

185 Guido Alpa, Relazione di apertura del XXX Congresso nazionale forense Genova, 25 novembre 2010, In http://www.astrid-online.it/static/upload/protected/-G_R/-G_Relazione-XXX-Congresso-nazionale-forense_Genova_25_11_10.pdf

186 Christian Harbulot, *Manuel d'intelligence économique*. (French Edition). Presses Universitaires de France, 2018, Edizioni del Kindle.

187 Leonardo Boff, *Tra eresia e verità*. Chiarelettere, 2014. Edizioni del Kindle. "Oggi nel mondo 257 famiglie hanno un reddito equivalente a 48 paesi dove vivono 600 milioni di persone. I nuovi ricchi sono speculatori, operatori finanziari, concessionari di risorse e materie prime, banchieri e manager che moltiplicano i loro profitti pur non inventando o producendo nulla".

188 Bajo, Pedro Baños, *Así se domina el mundo* (Spanish Edition). Grupo Planeta, 2017. Edizioni del Kindle. "Queste società... tendono ad avere il loro ufficio registrato in paradisi fiscali, cambiandolo spesso per eludere l'audit...Nonostante i numerosi scandali che hanno coinvolto il personale... non esiste un meccanismo internazionale unificato per sottoporli alle leggi nazionali o internazionali....Finora, gli sforzi per regolamentarli sono stati inutili ...La Convenzione internazionale del 1977 sull'uso dei mercenari, ratificata dalla Convenzione di Ginevra, non li include, soprattutto perché non si adattano alla definizione di "mercenario". Lo stesso vale per la Convenzione delle Nazioni Unite contro il reclutamento, l'uso, il finanziamento e la formazione dei mercenari, adottata nel 1989. Lo sforzo più recente è il documento di Montreux (2008), che regola l'industria della sicurezza privata. Anche se ratificata da diciassette paesi, non obbliga le parti a seguire i principi".

militari private (Pmc) che hanno lavorato di più negli ultimi dieci anni, e spesso in situazioni non chiare."[189]

È, come la definisce il generale Mini, una guerra "per bande che perseguono fini privati di profitto e potere a scapito delle istituzioni e del bene comune."[190]

In questa guerra è possibile riconoscere le tecniche di dominazione di ieri? E se sì, a che punto è il protocollo di attacco e conquista?

Come abbiamo imparato a conoscere, il primo passo da compiere è un'importante opera di influenza culturale che, attraverso le armi della guerra psicologica, deve "preparare" il territorio, modificando cultura e valori, al nuovo ordine che si vuole imporre.[191] Attenzione, questo è un passaggio fondamentale, perché la dominazione: "sotto forma di un Leviatano, di un dispotismo benevolo o di una Superpotenza, è impossibile senza il sostegno di una cittadinanza complice che volontariamente sottoscrive il patto, o diventa acquiescente, o preme il pulsante "muto."[192]

---

[189] Fabio Mini, *La guerra spiegata a*.... Einaudi, 2013. Edizione del Kindle: "La L-3 ha acquisito la Mpri, che ha addestrato i croati e i kosovari dell'Esercito di liberazione del Kosovo; la Csc ha comprato la DynCorp, che ha avuto contratti nei Balcani e in Medio Oriente; la Northrop Grumman ha assorbito la Vinnell, famosa per aver fornito i cosiddetti «verificatori» del Kosovo, posti agli ordini dell'ambasciatore Walker, che ha fatto fallire l'unica iniziativa seria per evitare la guerra civile e la guerra della Nato in Kosovo. I mercenari sono le forze preferite dalle nazioni e dalle organizzazioni che governano con la guerra, con la mentalità e la volontà della guerra".

[190] Fabio Mini, 2013. "La guerra per bande è violenta per propria natura ed è intrisa d'inganni e falsi scopi... La creazione di falsi scopi consente di spacciare l'ingerenza per stabilità, l'assunzione del controllo criminale per sicurezza, la destabilizzazione per libertà, l'occupazione del territorio per salvaguardia dei diritti umani, la discriminazione e la xenofobia per lotta al terrorismo".

[191] L'obiettivo non è venire incontro alle esigenze del territorio, ma di modificare l'ambiente a proprio vantaggio, formare i cittadini così da rendere "l'ambiente prevedibile, come dicono gli strateghi". Giuseppe Gagliano, *Guerra psicologica*, Fuoco edizioni, 2013. Edizione del Kindle.

[192] Sheldon S. Wolin, *Democrazia S.P.A.* Fazi Editore, 2013. Edizione del Kindle.

I mezzi utilizzati sono la paura, la seduzione, la deculturazione,[193]

la propaganda e mirate operazioni di PsyOps[194] che, portate avanti attraverso personale straniero di rinforzo,[195] sono tese a delegittimare[196] ed attaccare i gruppi "chiave"[197] dello Stato obiettivo. "Le bande tendono a delegittimare le istituzioni per sovvertirle, e a degradare il sistema pubblico assorbendone le

---

193 Come ci ricorda Nichols, professore allo U.S. Naval War College e alla Harvard Extension School, l'attacco alla cultura ed ai saperi ha un lungo pedigree storico. Quando si vuole instaurare un nuovo potere si devono attaccare le élite e si deve inculcare alla popolazione che tutto possa essere conoscibile facilmente, basta un click. Da questo si evince come un passaggio fondamentale per una operazione di propaganda a lungo termine sia l'attacco ai saperi. Non solo l'ignoranza deve essere vista come una virtù, in quanto chiara espressione di indipendenza e autonomia dal vecchio potere corrotto, ma si deve istillare nella popolazione che tutte le cose sono conoscibili abbastanza facilmente da chiunque (semplificare e banalizzare) e, soprattutto che, su qualsiasi argomento, ogni opinione vale quanto quella di qualsiasi altro. Cfr. Tom Nichols, *La conoscenza e i suoi nemici: L'era dell'incompetenza e i rischi per la democrazia*. Luiss University Press, 2018. Edizione del Kindle.

194 Su questo aspetto mi permetto di rinviare a Solange Manfredi, *Psyops. 70 anni di guerra psicologica in Italia*. 2014.

195 Fabio Mini, 2013: "La guerra per bande si avvale di agenti infiltrati, mezzi di corruzione e d'intrusione, mercenari, sicari, proxies e milizie private, ma anche di legali senza scrupoli, funzionari statali, amministratori pubblici, magistrati e politici corrotti, imprenditori, mafie e organizzazioni criminali locali".

196 Ibidem. "Dopo anni di deliberata delegittimazione dello stato da parte delle bande, più o meno private, la sacralità pubblica è scomparsa. Anzi, il termine «pubblico» è applicato in senso peggiorativo e denigratorio. L'impiegato pubblico è considerato un fannullone, il funzionario pubblico un burocrate, la scuola pubblica un covo di sovversivi, e la sanità pubblica equivale a malasanità. Il bene pubblico è quindi diventato un ossimoro, una contraddizione in termini, perché «pubblico» non può essere più «bene». Più apprezzato è invece il concetto di «privato», soprattutto se inteso come opposto a «pubblico». Privato è considerato bello, perché riguarda la sfera individuale, la proprietà, i diritti inalienabili. Si è perfino chiamata liberalizzazione l'esclusione del controllo pubblico, quasi che questo fosse uno strumento di schiavitù. In nome della libertà e del liberismo si è promossa l'assenza di regole, in modo che fosse piú facile aggirare, aggredire o sfruttare il bene pubblico per interessi privati".

197 Giuseppe Gagliano. *Deception.*, Fuoco edizioni, 2014, Edizione del Kindle. "Come nelle guerre tradizionali dove gli strateghi militari mirano a bombardare i centri vitali di una città per paralizzare i movimenti del nemico, così gli strateghi della sovversione individuano i gruppi nevralgici dell'economia e dell'amministrazione di un Paese per potersi infiltrare e avviare le proprie azioni. Tali gruppi sociali, che rappresentano un'importanza strategica fondamentale per gli agenti sovversivi, sono definiti "gruppi chiave".

risorse, favorendone l'inefficienza, intervenendo con la paura, la corruzione, la manipolazione del consenso. Fondamentale è disgregare i gruppi. Infatti, più i gruppi sono coesi meno sono influenzabili. Si deve creare discordia. Le modalità di disgregazione sono molteplici e vengono scelte e messe in atto in funzione della dimensione del gruppo e del suo ruolo all'interno della comunità."[198]

Terzo passaggio è l'elaborazione di stratagemmi per sfruttare quelli che, a prima vista, sembrerebbero vincoli politici e giuridici forti, utilizzandoli in modo contrario al loro proposito originario, ma senza smantellarli o attaccarli apertamente, così da privare le istituzioni di molte funzioni e ridurle a svolgere attività di legittimazione delle scelte del potere.[199]

Secondo Sheldon Wolin, uno dei maggiori e più influenti filosofi politici americani, quella che molti chiamano ancora democrazia in realtà è stata "progressivamente svuotata dall'interno" e si è trasformata in una nuova forma di potere. "Oggi sono i poteri economici e finanziari a guidare lo Stato i suoi obiettivi non sono ovviamente quelli democratici della promozione del benessere dei cittadini o del loro coinvolgimento nei processi politici, ma la protezione delle élite e del profitto, ovvero del potere economico privato."[200]

---

198 Fabio Mini, 2013.

199 Sheldon S. Wolin, 2013. "Il potere economico privato ha avocato a sé sempre più funzioni e servizi pubblici… La privatizzazione risulta essere una delle componenti principali di questa nuova forma di potere perché, andando a cedere funzioni sostanziali, un tempo esaltate come conquiste del popolo, uno Stato indebolisce non solo la sua componente politica, ma anche il suo stesso contenuto democratico. La conseguenza dell'espansione del potere privato, ma soprattutto delle imprese, è l'abdicazione selettiva, cioè nei vari comparti privatizzati, della responsabilità pubblica al benessere e alla tutela dei cittadini…La strategia dei sostenitori della privatizzazione è, in primo luogo, screditare le funzioni di welfare bollandole come "socialismo" e, quindi, cedere queste funzioni a un concorrente privato o privatizzarne una parte".

200 Ibidem. Giorgio Galli; Mario Caligiuri, *Come si comanda il mondo.* Rubbettino, 2017. Edizione del Kindle: "La politica è stata neutralizzata dall'economia attraverso un potere che non è anonimo o legato agli sviluppi dell'innovazione tecnologica e

Marginalizzata la politica, la propaganda si deve concentrare sulle lagnanze sull'amministrazione della giustizia e sul caos del diritto, accusandolo, con le sue lungaggini, di essere causa della crisi ed ostacolo alla ripresa, mentre le multinazionali del diritto impiegano legioni di avvocati per inventare un diritto globale senza stato. Infatti oggi, come ci ricorda Katarina Pistor, i nuovi diritti, soprattutto in alcuni ambiti, sono "inventati", più che dai legislatori nazionali o sovranazionali, dal potere privato che, con l'aiuto dei loro avvocati d'affari,[201] crea un diritto caratterizzato dagli enormi privilegi dati al capitale: si pensi solo alla possibilità data di occultare in via preventiva i beni ai creditori o, ancora, alla possibilità di scegliere nel mondo il regime giuridico che meglio tutela la ricchezza dei loro clienti.[202]

A fronte del cedimento della politica numerosi giuristi si battono quotidianamente per denunciare, porre un freno agli abusi del potere e tutelare i diritti fondamentali, mentre i governi, che chiamano "sicurezza nazionale" la stabilità e l'espansione dei mercati",[203] emanano leggi a tutela del profitto e negandola agli uomini.[204]

---

dell'intelligenza artificiale, bensì è rappresentato dai manager che controllano determinate multinazionali economiche e finanziarie.... Da un esame delle partecipazioni azionarie risulta infatti che un nucleo ristretto di circa 737 azionisti detiene l'80% del controllo di tutte le più importanti multinazionali...si tratterebbe di 50 società, per lo più finanziarie e bancarie, soprattutto statunitensi e inglesi".

[201] La produzione normativa risulta concentrata in pochi grandi studi legali, vere e proprie multinazionali del diritto, il cui fatturato supera il PIL della nazione più ricca al mondo, e che mantengono relazioni privilegiate con le élite politiche ed amministrative mondiali, assumendo nei loro studi ex membri delle principali organizzazioni internazionali: "grandi leader" politici finiscono il giorno dopo o anche prima il loro pensionamento, dipendenti multimilionari di grandi multinazionali", in Giorgio Galli, Mario Caligiuri, cit. 2017.

[202] Pistor, 2019. "Le sovvenzioni e altri "diritti" sono tipicamente visti con grande sospetto, perché sono considerati distorsioni dei mercati e portano a inefficienze, persino alla corruzione. Tuttavia, le protezioni giuridiche di cui gode il capitale sono probabilmente la madre di tutte le sovvenzioni".

[203] Natalino Irti, 2014.

[204] Il d.lgs 380/2011, all'art. 48, nega l'accesso all'acqua a coloro che alloggino in insediamenti informali e, l'art. 5 della legge 80 del 2014, esclude dal diritto coloro che trovino dimora in ripari di fortuna. Dallo scoppio della pandemia i numerosi

Il pericolo che un avvocato possa, con le sue pretese, battere in tribunale una multinazionale, è troppo alto. Giudici e avvocati, con le loro azioni o sentenze, sono un pericolo, prima da contenere e poi controllare.

Il primo passo da compiere per contenere il pericolo è quello di introdurre regolamenti, transazioni private, accordi, arbitrati e compromessi obbligatori – "per la maggior parte delle persone delle varie nazioni assolutamente inarrivabili"[205] – al fine di evitare la giustizia ordinaria, così che le "creazioni normative" - *fictio iuris* spesso spregiudicate - elaborate dagli avvocati d'affari per accrescere la ricchezza dei loro clienti, non possano essere esaminate da un tribunale.[206]

Secondo Pistor, quella posta in essere dagli avvocati d'affari - "che tendono ad essere ciechi alle implicazioni sociali delle loro azioni", agevolati da un diritto che ha separato il contenuto dalla forma - è una vera e propria strategia di elusione del tribunale: "I nuovi diritti così creati negli studi legali, e a lungo sottratti alla verifica dei tribunali, permettono, anche davanti a chi li sfida, una potente difesa: ma è legale"[207] (*A Bon Droit*).

Si tratta, però, di un rimedio parziale, non definitivo. Il potere, per garantirsi il dominio, deve avere il controllo delle professioni strategiche e della loro futura formazione: "È qui che si gioca una delle contese più importanti (*education is power*).[208]

---

appelli inviati alle massime autorità del Paese affinché tali leggi venissero abrogate sono rimasti inascoltati.

[205] Pistor, 2019.

[206] Ibidem. "Molti avvocati faranno di tutto per evitare di dare a un tribunale l'opportunità di rendere una sentenza negativa sulla codifica legale che hanno impiegato a beneficio di centinaia, se non migliaia, di clienti. Questo è il motivo per cui hanno sempre più insistito per risolvere le controversie fuori dal tribunale…Scommettono che non saranno sfidati, almeno non troppo presto. Il tempo funziona a loro favore, perché anche se non riescono a convincere in futuro un tribunale che la loro strategia di codifica specifica dovrebbe essere confermata, hanno probabilmente raccolto un sacco di ricchezza nel frattempo".

[207] Ibidem.

[208] Mauro Bussani, *Il diritto, una fabbrica del potere americano*. Gnosis, 2/2020.

L'obiettivo finale è standardizzare diritto, professioni e formazione sul proprio modello,[209] la cui espansione deve essere perseguita in ogni modo.[210]

La posta in gioco, come si può capire, è enorme e, proprio per questo, le multinazionali da tempo si sono lanciate alla conquista non solo delle materie prime, delle risorse e delle industrie strategiche, ma anche degli standard legali e professionali e della

---

[209] Ibidem. "Un dato non pubblicizzato sovente è quello che riguarda l'assistenza Usa ai processi di costruzione (o ricostruzione) dei sistemi giuridici altrui. Gli esempi sono invece numerosi. Con particolare riguardo alla Cina, la Ford Foundation e lo US-Asia Law Institute si sono a lungo distinti per gli sforzi notevoli sostenuti sul piano dell'organizzazione e gestione degli studi legali e, allo stesso modo – in particolare a seguito dell'accordo del 1998 fra i presidenti Clinton e Jiang – si è mossa l'American Bar Association (ABA) impegnandosi, di concerto con l'All China Lawyers Association, a promuovere la rule of law in Cina, anche e soprattutto attraverso il legal training e il rafforzamento dell'attività degli ordini professionali... Ma le stesse corde risuonano nelle attività dell'Organization for Security and Co-operation in Europe. Attraverso l'Office for Democratic Institutions and Human Rights, essa si occupa – su scala regionale allargata ai Paesi caucasici e dell'Asia centrale – delle riforme processuali e degli ordini forensi, nonché della formazione professionale di avvocati e giudici, al fine peculiare di supportare i programmi di democratizzazione e di impianto della rule of law. Analogo è l'impegno profuso dall'International Monetary Fund (IMF) e dalla World Bank (WB) nel diffondere lo stesso verbo all'interno dei loro programmi di technical assistance. In effetti, la rule of law – nella sua indifferenziata generalità – compare sempre fra gli obiettivi dei cosiddetti Poverty Reduction Strategy Papers (PRSPS) elaborati dai Governi locali in collaborazione con l'Imf e la WB. Sulla base di questi documenti, il Fondo e la Banca programmano le loro attività e tutti i Prsps prevedono, fra i traguardi strategici da conseguire, obiettivi – fra loro retoricamente indistinti – quali «to improve governance, the rule of law and ensure human rights», «strengthen democratic processes and institutions, human rights, the rule of law»; o «strengthening the rule of law and respecting human rights», «strengthening governance and the rule of law» oppure «developing a strong justice system and rule of law». Ma anche la Cina vuole diventare: "il Paese di riferimento per le riforme giuridiche. Il modello viene presentato e promosso come una pratica sostenibile alternativa al modello occidentale, per quei Paesi in via di sviluppo che intendano imitare l'ascesa economica della Cina". Ma anche India Brasile, Russia, ecc. In Salvatore Mancuso. *Geopolitiche africane e dinamiche giuridiche*, Gnosis, 2/2020.

[210] Ignazio Castellucci, Gnosisi, 2/2020: "Questa espansione ha profondi e duraturi effetti culturali: influenza e forma molti dei migliori studenti, le élite socioeconomiche, le classi dirigenti dei Paesi-bersaglio, che in certa misura giungono a vedere nel Paese egemone un modello da imitare e a cui ispirarsi".

produzione di conoscenza e di cultura, acquisendo case editrici, riviste, banche dati, ecc.[211]

Oggi, in ambito professionale, è la pratica legale anglosassone che sembra imporsi,[212] e l'avv. Richard Susskind, che ha scritto in questi anni numerosi saggi sull'argomento, ritiene che, se il mondo del diritto è sull'orlo di una rivoluzione radicale, altrettanto avverrà per la professione forense che, in profonda crisi, ne uscirà completamente trasformata.[213]

Secondo il professore di Oxford il "mercato legale"[214] deve abbandonare il metodo "artigianale" di svolgere la professione e adottare una mentalità o una metodologia più industriale,[215] al fine di poter fornire servizi legali migliori ad un minor costo: "È la

---

[211] Christian Harbulot, 2018.

[212] Pistor, 2019. "*La maggior parte degli studi legali globali si trova negli Stati Uniti e nel Regno Unito...*". La pratica legale anglosassone sembra imporsi anche sul piccolo schermo. L'operazione di influenza, che negli anni '70-'80 aveva portato le serie tv ad essere incentrate sul modello di famiglia americano, oggi pare concentrata su un modello di giudici ed avvocati che si vuole imporre.

[213] Richard Susskind, *Tomorrow's Lawyers: An Introduction to Your Future*. Oxford University Press; 2 edizione (25 maggio 2017); Traduzione in italiano, *L'avvocato di domani. Il futuro della professione legale tra rivoluzione tecnologica e intelligenza artificiale*. Guerini Next (16 ottobre 2019), *The Future of the Professions: How Technology Will Transform the Work of Human Experts*, OUP Oxford; Reprint edizione (23 febbraio 2017); *The End of Lawyers? Rethinking the nature of legal services: Rethinking the nature of legal services*, OUP Oxford; Revised edizione (17 settembre 2010). In https://www.susskind.com/

[214] Richard Susskind, *L'avvocato di domani. Il futuro della professione legale tra rivoluzione tecnologica e intelligenza artificiale* (Italian Edition). goWare, Guerini Next, 2019. Edizione del Kindle. "Un mercato di immenso valore, a livello globale è valutato intorno agli 800 miliardi di dollari".

[215] Susskind, 2019. Un modello industriale che prevede, tra le altre cose, la "scomposizione" del lavoro giuridico in "pacchetti" da "esternalizzare" sul mercato internazionale, che possano essere svolti da "fornitori" situati in paesi in cui la manodopera ha un costo minore (Es. India); il subappalto di alcune attività a studi legali situati in giurisdizioni a basso costo (es. Sud Africa), la possibilità di rivolgersi ad agenzie di avvocati in affitto per periodi limitati e su base progettuale, la creazione di sistemi di comparazione dei prezzi, di reputazione e aste online per i servizi legali, e molte attività oggi svolte dagli avvocati saranno computerizzate e, nei programmi, vi saranno incorporati i requisiti legali della nostra vita sociale e lavorativa, così che non sia più necessario conoscere la legge o rivolgersi ad un avvocato per fare una scelta.

trasposizione al mondo dei servizi professionali di quanto è avvenuto nella filiera produttiva e distributiva."[216]

Grazie alla globalizzazione, alla liberalizzazione, alla specializzazione e alla standardizzazione di conoscenze, attività e servizi le multinazionali legali, che già mettono in pratica questo modello industriale, potranno insediarsi nel mercato come concorrenti più economici travolgendo gli avvocati convenzionali (*di strada*)[217] che, in svantaggio competitivo, saranno costretti a soccombere. "Pur non avendo io nulla contro i piccoli studi, non riesco a vedere come queste piccole botteghe, metaforicamente parlando, riusciranno a stare a galla quando saranno messe a confronto con «supermercati», che siano grandi imprese o fornitori di servizi online."[218]

Si tratta di una trasformazione che riguarderà non solo il modo in cui le competenze dei professionisti saranno messe a disposizione nella società - non più ad appannaggio di "pochi eletti"[219] ma offerte da "strutture alternative… guidate da business manager esperti"[220] - ma anche l'insegnamento universitario, che volgerà verso l'e-learning, ossia "strutture online a sostegno dell'apprendimento e della formazione giuridica…Non ci sono buone ragioni per non sostituire noiosi professori autoritari con lezioni online, che possono essere introdotte da relatori straordinari e stimolanti (selezionati da tutto il mondo) che mettono a disposizione videoregistrazioni delle loro lezioni."[221]

---

[216] Ibidem.

[217] Ibidem.

[218] Ibidem.

[219] Richard Susskind, *The Future of the Professions*. OUP Oxford, 2015. Edizione del Kindle.

[220] Richard Susskind, 2019.

[221] Ibidem.

Intelligence giuridica

Le patrie del diritto cadono nel silenzio; e la volontà normativa si ritrova, fra dolorose e mute macerie, sola, dinanzi alla globale immensità dell'economia.

Natalino Irti

Quando il potere politico si manifesta in leggi che non sono più l'espressione del diritto, la società è in pericolo.

George Ripert

Legato al male è chiunque abbia visto e non abbia agito, chiunque abbia distolto lo sguardo, perché non voleva vedere, sebbene avesse potuto farlo, ma colpevoli sono stati anche tutti coloro che non avevano occhi capaci di vedere.

Erich Neumann

Il progetto giuridico, come abbiamo imparato a conoscerlo, pare in fase avanzata. Prima si è organizzato lo Stato come una impresa, che quindi può fallire.[222] Poi il diritto, soprattutto in alcuni settori sottratto agli organi democraticamente eletti, è passato nelle mani del potere privato e, elaborato in uffici legali

---

[222] Gustavo Zagrebelsky, *Contro la dittatura del presente. Perché è necessario un discorso sui fini*. Laterza, 2014. Edizione del Kindle: "Lo Stato non poteva fallire. Il fallimento è la condizione d'insolvenza verso i creditori che riguarda le società commerciali e che porta alla cessazione dell'attività, alla dispersione di quel che resta del loro patrimonio e alla distribuzione delle spoglie tra gli aventi diritto. Mai si sarebbe potuto pensare che lo Stato potesse fallire, precisamente perché lo Stato – così si pensava – non è una società commerciale. Dicono i giuristi: è un ente necessario. Oggi non è più così. La terminologia del commercio ha fatto la sua trionfale irruzione nel nostro discorso pubblico: Azienda Italia; concorrenza tra Stati; Investimenti-Italia s.p.a., ecc. Il linguaggio della sovranità ha ceduto il passo a quello del commercio e il linguaggio, qui come sempre, è un sintomo – spesso inconsapevole da parte di chi lo usa – della realtà".

internazionali da avvocati d'affari, ha permesso lo sviluppo di modelli economici e finanziari basati sulla ricerca del massimo profitto che vengono tenuti lontano dall'esame dei tribunali.[223] Ora è il momento dell'"attacco" finale alle professioni strategiche e all'insegnamento.

Accettare il modello proposto, e gestire il mondo del diritto come una industria e la professione forense come una catena di montaggio, a quali risultati può condurre? Davvero si può pensare di applicare alla tutela dei diritti una sorta di processo di divisione del lavoro da assegnare ad operai del diritto velocemente istruiti al compito settoriale loro assegnato grazie al supporto di processi e sistemi standard?

I servizi legali, ridotti a merce, possano davvero venire elargiti al "dettaglio" da qualche grande marca commerciale al supermercato[224] da un potere economico che vede i popoli come una uniforme massa di consumatori omologati, tutti uguali, non come uomini e cittadini, i cui diritti devono essere garantiti e difesi?

La professione forense, cui la nostra cultura giuridica da secoli attribuisce la funzione di presidiare le fondamenta del vivere

---

[223] Abdelkader Diabi, *Normes, la guerre invisible*: "Gli accordi TTIP o TAFTA o CETA hanno stabilito il cosiddetto Investor-State Dispute Settlement (ISDS) per risolvere le controversie investitore-Stato dando più risorse alle multinazionali. Questa novazione equivale alla privatizzazione della giustizia e alla sostituzione degli organi giuridici nazionali e sovranazionali attraverso il principio di sussidiarietà. Si tratta di una negazione di un intero ramo del diritto comunitario, vale a dire il diritto economico pubblico. L'intenzione attraverso gli accordi TAFTA è quella di stabilire un nuovo standard per la risoluzione delle controversie senza passare attraverso i tribunali. La sentenza del 6 marzo 2018 della Corte di giustizia europea emette una sentenza contro l'ISDS in quanto non è compatibile con il diritto dell'UE. Ci sono voluti più di dieci anni e l'intervento della Corte di giustizia europea per fermare questo artificio di eludere il diritto comune". In https://www.zmc.com.tn/?p=3418

[224] Richard Susskind, 2019: "Per i clienti privati (individui e non aziende) ottenere servizi legali offerti «al dettaglio» da una banca o da un supermercato potrebbe essere più conveniente e meno proibitivo che consultare uno studio legale tradizionale".

civile, può davvero essere trasformata in semplice lavoro[225] e strutturata, con avvocati dipendenti da potentissime multinazionali del diritto,[226] che nessuna responsabilità hanno verso la società e nessun legame con il territorio?

Si può davvero spacchettare la realtà e frantumare il diritto in tante sotto discipline tecniche e in varie specializzazioni da elargire in Università on line da pochi e selezionati professori, e pensare poi di avere persone adeguatamente formate per poter rispondere alle sfide del futuro "e poter intravedere un nuovo inizio"?[227]

Siamo sicuri che gli Stati possano continuare a lungo a concedere enormi privilegi al capitale, sacrificando sull'altare dell'efficienza e del mercato i diritti fondamentali, o questo atteggiamento rischia di non essere altro che una "vendita faustiana dell'anima in versione postmoderna"?[228] Come non vedere che il dare la possibilità al potere economico e finanziario di potersi scegliere liberamente il sistema giuridico che meglio tutela i propri interessi ha scatenato una guerra al ribasso tra Stati che non solo pregiudica la tutela dei diritti e la stabilità interna dei vari Paesi, ma anche i rapporti tra Stati con recriminazioni che, alimentate da una irresponsabile propaganda, sempre più spesso infiammano le popolazioni?

Davanti a questo progetto l'Italia e l'Europa cosa intendono fare? Come evidenzia correttamente Mauro Bussani, "v'è la necessità che l'Europa recuperi consapevolezza dei rischi e dei

---

[225] Umberto Galimberti, *Il mito della crescita*. Feltrinelli, 2012. Edizione del Kindle: "Luoghi di esecuzione di compiti, non attività che hanno in vista dei fini che trascendono il puro e semplice fare, in cui, nell'età della tecnica e dell'economia globalizzata sembra completamente risolversi ogni percorso dell'agire".

[226] Alcune aziende professionali sono giganti. "Le società contabili "Big 4" hanno unito un fatturato globale annuo di oltre 120 miliardi di dollari. Ciò significa che queste quattro imprese da sole hanno un fatturato superiore al PIL del paese più ricco del mondo... Il mercato dei servizi legali nel Regno Unito, ad esempio, è il più grande d'Europa". In Richard Susskind, *The Future of the Professions*. OUP Oxford. 2015. Edizione del Kindle.

[227] Natalino Irti, 2014.

[228] Luigi Zoja, *Contro Ismene*. Bollati Boringhieri, 2017. Edizione del Kindle.

costi connessi al protrarsi dello status quo, metta in luce quali siano gli interessi che intende perseguire nel lungo periodo e con quali strumenti tecnici si proponga di farlo, siano essi allineati o meno alla propria civiltà giuridica."[229]

La crisi economica sta risolvendosi in una crisi politica, sociale, umanitaria ed ecologica che mina alle radici tutti i presupposti della democrazia.[230]

Oggi il diritto, soprattutto in alcuni settori, è in mano al potere economico e finanziario perché in questo nuovo paesaggio giuridico aperto dalla globalizzazione non si è saputo anticipare le norme a monte, non si è saputo esercitare la necessaria influenza sul loro sviluppo o, al più, ci si è rifugiati nel comodo cantuccio dell'elaborazione di principi che, come già successo per i nostri principi costituzionali, si sono potuti lasciare lì, come non esistessero, dando la possibilità ad altri poteri di elaborare strumenti e accordi che li negavano alla radice,[231] marginalizzando la politica e lasciando lo Stato solo a dover cercare di risolvere le problematiche, sempre più gravi, di instabilità interna.

Da più parti si auspica un ritorno al diritto che, fatto tesoro del lavoro, degli errori e dell'esperienza del passato, sappia essere giusto ed equo. Perché la storia, come evidenzia il prof. Ascheri, "può insegnarci a inclinare in una direzione invece che in un'altra."[232]

---

[229] Mauro Bussani, Gnosis, 2/2020.

[230] Todorov, Tzvetan, *I nemici intimi della democrazia*. Garzanti, 2012. Edizione del Kindle.

[231] Gunther Teubner, 2013: "...i contratti standard della lex mercatoria si scontrano con le norme del WHO (Organizzazione mondiale della sanità) che hanno origine dai principi fondamentali del sistema sanitario. La lex constructionis, il codice professionale mondiale degli ingegneri, entra in conflitto con il diritto ambientale internazionale. La commissione di appello del WTO si confronta con casi che travalicano lo scontro tra regimi dei diritti umani, regimi di protezione ambientale e regimi economici. Il diritto internazionale per il mantenimento della pace, in particolare il suo bando sull'uso della forza, ha una difficilissima relazione con i diritti dell'uomo. Allo stesso tempo, accade la medesima cosa tra il diritto umanitario internazionale e i regimi di protezione ambientale".

[232] Mario Ascheri, 2015.

Il mondo ha già conosciuto le inenarrabili conseguenze cui ha portato un diritto che, svincolato dalla società, dai valori, dalla giustizia, non è riuscito a limitare la violenza e l'avidità dei poteri.

Ha già conosciuto il pericolo che si corre quando gli Stati, per convenienza o avidità, concedono più privilegi e protezione alle compagnie mercantili che non alla società.[233]

Ha già sperimentato il *vulnus* che può derivare dal privare l'avvocato della sua primaria funzione, e dalle responsabilità del suo agire, per trasformarlo in modesto dipendente al servizio del potere.

Ha già conosciuto le conseguenze di una Università che ha abdicato al suo ruolo per offrire "saperi" parziali, strumentali al mercato, ma pericolosissimi per la società.

Ma il processo di globalizzazione è ancora in atto, le operazioni di attacco sono ancora in essere, e gli esiti ancora imprevedibili. Ed allora, oggi più che mai, è importante agire, perché il diritto non rappresenta solo un importante patrimonio culturale da proteggere, ma un settore strategico da tutelare, perché è "il mezzo con cui le società sono governate o si governano da sole."[234]

E se la Francia da tempo ha affrontato, anche con apposite commissioni di inchiesta,[235] il problema della guerra normativa,[236]

---

[233] Spesso gli Stati hanno "preferito" che la conquista delle risorse venisse condotta da compagnie private. Basti ricordare privilegi concessi dai sovrani alle compagnie mercantili o, ancora, nell'Ottocento, quando molti Paesi preferirono che l'espansione coloniale fosse affidata a compagnie private: "*Tra il 1815 e il 1870 lo slogan «commercio, non governo» costituiva il nucleo della politica d'oltremare britannica*". In Martti Koskenniemi, 2013.

[234] Pistor, 2019.

[235] *Rapport d'information par la commission des affaires étrangères et la commission des finances sur l'extraterritorialité de la législation américaine.* La Francia, resasi conto di non riuscire a proteggere suoi i suoi interessi fondamentali, ha affrontato il problema evidenziando come la guerra economica venga portata avanti da alcuni Paesi attraverso un vero e proprio arsenale giuridico con leggi che, emanate con le migliori intenzioni del mondo (combattere il terrorismo, la corruzione, l'evasione fiscale, ecc..), ad un esame più attento rivelano la loro pericolosità rivelandosi per quello che sono: uno strumento di potere economico e politica estera estremamente aggressiva che mette in pericolo la sicurezza nazionale e viola i principi alla base del sistema giuridico interno. L'eccellente lavoro della missione d'inchiesta sull'extraterritorialità del diritto degli Stati Uniti permette di

cercando di sviluppare adeguate contromisure[237] e strutture di intelligence giuridica,[238] l'Italia, nonostante le sollecitazioni in tal senso,[239] pare in ritardo nell'affrontare il problema, mentre due multinazionali straniere[240] hanno acquistato le principali case editrici giuridiche e sono leader nella formazione professionale e

---

rivelare un aspetto delle azioni giudiziarie e amministrative americane troppo spesso ignorate, anche da molti esperti di diritto internazionale. In http://www.assemblee-nationale.fr/14/rap-info/i4082.asp. Questo è anche il punto di vista del controspionaggio francese. Il 13 novembre 2018, Le Figaro: "Come gli Stati Uniti stanno spiando le nostre aziende". Rivela l'esistenza di una nota della Direzione generale per la sicurezza interna (DGSI) che afferma che: "Gli attori americani stanno attuando una strategia di conquista dei mercati di esportazione che si traduce, in particolare per la Francia, in una politica offensiva a favore dei loro interessi economici" (https://www.lefigaro.fr/actualite-france/2018/11/13/01016-20181113ARTFIG00310-comment-les-etats-unis-espionnent-nos-entreprises.php). La DGSI è particolarmente preoccupata per l'uso del diritto statunitense come arma per destabilizzare le società francesi e sottrarre le loro informazioni sensibili. Cfr. anche Laïdi, Ali. *Le Droit, nouvelle arme de guerre économique* (Questions de société) (French Edition). Actes Sud Littérature. Edizione del Kindle

[236] https://infoguerre.fr/2017/05/dossier-le-droit-enjeu-majeur-dans-la-guerre-economique/

[237] *Sviluppare un'influenza normativa internazionale strategica per la Francia*, in https://www.entreprises.gouv.fr/files/files/directions_services/information-strategiquesisse/14133.pdf

[238] *Intelligence juridique. Le droit au service de l'intelligence économique*. In http://bdc.aege.fr/public/Intelligence_juridique_le_droit_au_service_de_l_intelligence_economique.pdf;

https://infoguerre.fr/2020/07/se-former-a-lintelligence-juridique-necessite-guerre-economique/: https://www.ege.fr/index.php/les-formations-executives/formation-mba-intelligence-juridique.html

[239] *L'intelligence economica per un nuovo ordine mondiale*, di Laris Gaiser https://www.sicurezzanazionale.gov.it/sisr.nsf/wp-content/uploads/2016/07/intelligence-economica-Gaiser.pdf; https://www.sicurezzanazionale.gov.it/sisr.nsf/approfondimenti/intelligence-economica-una-proposta-per-litalia.html; https://www.sicurezzanazionale.gov.it/sisr.nsf/wpcontent/uploads/2016/03/Gaiser_SicTerSoc_book-4.pdf

[240] Nello specifico, si tratta della Wolters Kluwer, la seconda casa editrice dei Paesi Bassi (Ipsoa, Cedam, Utet Giuridica, Utet Scienze Tecniche, Leggi d'Italia, Indicitalia, Il Fisco, Osra, Artel, Oa Sistemi, Teknoring, Tagetik, Datacert, ecc.) e l'Editions Lefebvre Sarrut (ELS), tra i leader in Europa e nel mondo nell'editoria professionale e nella formazione legale e fiscale che, nel 2017, ha acquistato la Giuffrè Editore. Ancora italiane, in questo settore, sono: Giappichelli, Zanichelli, Simone, Il sole 24 ore, Maggioli, Hoepli, La Tribuna. Recentemente Consiglio Nazionale Forense e la Cassa Forense, dopo anni in cui la banca dati giuridica veniva fornita dal Gruppo 24ORE, hanno deciso di rivolgersi alla Wolters Kluwer, con Ipsoa.

nei servizi banche dati[241] in ambito legale, commerciale, fisco, lavoro, ecc, acquisendo così una posizione dominante nel settore.

Ecco perché è importante creare apposite strutture di intelligence giuridica per la prevenzione dei rischi e la gestione delle crisi. Strutture in grado di poter controllare settori vitali e strategici del sistema Paese; capaci di leggere l'ambiente giuridico, di comprendere, individuare e valutare pericoli e minacce; di monitorare le operazioni di influenza in tutti i settori, le strategie legali che Stati e privati pongono in essere nei vari fori multilaterali e che possono avere un impatto su questioni culturali, politiche, economiche, finanziarie, sociali, scientifiche, ecc, così da poter anticipare attacchi, eventi o sviluppi contrari agli interessi del Paese e formulare raccomandazioni al Governo affinché possa agire a monte nella formazione della legge nei vari settori sotto attacco.

Una struttura giuridica che sappia anche stringere alleanze con i vari ordini professionali ed Università, elaborare influenze e strategie, proporre rimedi e strumenti giuridici adeguati per proteggere, promuovere e regolare attività di interesse strategico e rilevanti per la sicurezza nazionale e, non ultimo, capace di coordinarsi con altri Paesi nell'attuazione di strategie e azioni per far fronte comune all'attacco.

---

[241] Anche le banche dati giuridiche sono fondamentali per poter operare una vera e propria colonizzazione delle menti in diritto. Infatti, davanti ad un problema giuridico il professionista (es. avvocato) consulta la banca dati, riceve istantaneamente informazioni multiple (sentenze, articoli, ecc.) spesso perfettamente pertinenti, e su queste informazioni lavora, ossia costruisce le sue argomentazioni. Come evidenzia però anche la scuola di guerra economica francese, dietro le banche dati legali ci sono multinazionali che possono facilmente, ed insidiosamente, "formattare" le menti perché: "utilizziamo le banche dati "naturalmente", come utilizziamo Google "naturalmente". E accettiamo il contenuto predeterminato che ci viene restituito". *Sur la colonisation des esprits en matière juridique* in https://infoguerre.fr/2018/08/colonisation-esprits-matiere-juridique/

Uso strategico delle leggi: attacco all'acqua

I diritti hanno un doppio lato,
uno benefico e uno malefico,
e il guaio è che il lato malefico sta nelle
mani dei potenti, mentre il lato benefico
è spesso in mano agli impotenti. Così, i
diritti, invece di servire la giustizia,
spesso alimentano le ingiustizie.

Gustavo Zagrebelsky

Con la vittoria di «quel libero mercato in cui chi è più forte, in termini commerciali, è libero di annientare il più debole»[242] ha inizio la Terza guerra mondiale: una guerra, in gran parte privatizzata, "senza limiti" e "per propria natura intrisa d'inganni e falsi scopi",[243] la cui principale caratteristica è quella di dissimulare l'attacco volto a soggiogare un popolo per conquistarne il territorio e depredarne la ricchezza e in cui i nuovi mercati vengono aperti alle aziende (truppe) con la violenza, quando non militare, legislativa.[244]

Una conquista che spesso viene agevolata dall'interferenza di Stati, organizzazioni, agenzie e donatori internazionali che,

---

[242] Zoja, 2011.

[243] Fabio Mini, 2013. "La creazione di falsi scopi consente di spacciare l'ingerenza per stabilità, l'assunzione del controllo criminale per sicurezza, la destabilizzazione per libertà, l'occupazione del territorio per salvaguardia dei diritti umani, la discriminazione e la xenofobia per lotta al terrorismo".

[244] Fedele Ruggeri e Vincenzo Ruggero, 2019. "Le sue violazioni sono intese a produrre nuove logiche di legittimità e nuovi apparati legislativi. Così, la legge insegue i potenti ed è costretta costantemente a modificarsi... Se la violenza istituzionale e la criminalità dei potenti producono il quadro normativo per la loro stessa promozione, quali opportunità rimangono a chi desidera stabilire norme e legislazioni favorevoli al bene comune?".

attraverso diversi programmi e progetti, impongono riforme istituzionali e leggi tese ad agevolare le privatizzazioni.

Tra le risorse materiali, obiettivo primario della guerra economica è, come sottolinea in un suo saggio[245] il generale francese Jean Pichot-Duclos,[246] l'acqua.

Il perché è semplice. L'acqua è sempre più scarsa e, a differenza di altre risorse - come il petrolio, gas naturali e minerali, ecc. - non ha sostituti, non può essere acquistata sui mercati mondiali e il suo commercio è vincolato dalla distanza e dal costo.

Nel 2015, il Forum Economico Mondiale ha indicato nei problemi legati all'acqua il più grande rischio globale nel prossimo decennio.[247] La scarsità d'acqua può portare a risultati commisurati alle armi più distruttive della nostra epoca perché gli effetti di uno shock idrico non possono essere isolati in nessun settore della vita di un paese (politico, economico, sociale, sanitario, industriale e alimentare).

Proprio per questo il controllo sull'acqua, da problema geopolitico, è divenuto problema di difesa e sicurezza nazionale.[248] La conseguenza è che non solo il controllo e la gestione delle risorse idriche è considerato altamente strategico dalle autorità politiche, in quanto elementi imprescindibili per la sopravvivenza delle nazioni,[249] ma il "bisogno" di acqua è gestito come una vera e propria arma politica e militare.

---

[245] Jean Pichot-Duclos, *Les guerres secrètes de la mondialisation*. Lavauzelle, 2004.

[246] Il generale Jean Pichot-Duclos, dopo aver lasciato il servizio attivo nel 1992, è entrato a far parte del gruppo Défense Conseil International, dove ha creato un servizio di intelligence economica (INTELCO). Nel 1997 ha creato la School of Economic Warfare con Christian Harbulot.

[247] https://www.WEForum.org/agenda/2015/01/why-world-water-crises-are-a-top-global-risk/

[248] Cfr. Gnosis, 3/2020

[249] Jeffrey Talley, 15 marzo 2019. http://www.businessofgovernment.org/blog/water-security-risks-and-national-security-implications

Per l'acqua si combatte da decenni e, tra le guerre in corso, è quella più combattuta, con le armi[250] o con le leggi.

Infatti, la violenza necessaria per conquistare la risorsa dipende solo ed unicamente dalla disponibilità di questa e dalla possibilità di approvvigionamento. Sino a quando questa è disponibile, e l'impiego permette il proseguire della produzione senza troppi sacrifici,[251] gli attacchi vengono portati attraverso la violenza legislativa "di forti poteri economici in grado di prendere il controllo o deviare a proprio vantaggio risorse idriche preziose, sottraendole a comunità locali o a intere nazioni."[252]

È il c.d. *water grabbing* o "accaparramento dell'acqua" il cui obiettivo non è solo quello di assicurarsi la risorsa. Infatti, "una strategia che si rispetti deve prevedere anche le c.d. "riserve strategiche", ossia di poter immagazzinare, o comunque, potere avere a disposizione la risorsa, anche quando scarsa o quando impossibilitati ad averla, magari per un conflitto, per gli anni a venire, così da poter garantire il proseguire della produzione."[253] Ciò suggerisce che gli Stati debbano "pensare sempre più non solo in termini di conservazione dei bisogni propri, ma anche considerare le esigenze

---

[250] Il Pacific Institute fornisce una dettagliata cronologia di guerre o conflitti che coinvolgono l'accesso all'acqua, e i numeri sono impressionanti: 156 conflitti per l'acqua si sono svolti nel mondo solo tra il 2107 e il 2018. In https://www.worldwater.org/waterconflict/

[251] Nel 2016, il Carbon Data Protocol, un sondaggio condotto su oltre 1.200 tra le più grandi aziende del mondo, ha osservato: I rischi idrici si stanno rapidamente materializzando per le imprese: le società di divulgazione hanno riportato quest'anno un impatto sull'acqua di 14 miliardi di dollari, un aumento di cinque volte rispetto allo scorso anno. Oltre un quarto delle aziende ha subito impatti dannosi per l'acqua quest'anno e le aziende prevedono oltre la metà (54%) dei 4.416 rischi idrici che hanno identificato per materializzarsi entro i prossimi sei anni. In CDP, 2016 Annual Report of Corporate Water Disclosure 6 (2016), https://6fefcbb86e61af1b2fc4-c70d8ead6ced550b4d987d7c03fcdd1d.ssl.cf3.rackcdn.com/cms/reports/documents/000/001/306/original/CDP-Global-Water-Report-2016.pdf?1484156313

[252] Emanuele Bompan e Marirosa Iannelli, *Water Grabbing. I conflitti nascosti per l'acqua nel XXI secolo*. EMI, 2018.

[253] Bajo, 2017.

potenziali dei loro alleati e vicini",[254] che potrebbero, visto che il commercio dell'acqua è fortemente vincolato dal trasporto e dal costo, attuare "operazioni di guerra economica" tese a garantirsi riserve strategiche d'acqua a spese delle nazioni confinanti.

Il Water Grabbing

Sino agli anni '80 la grande maggioranza delle reti idriche e igienico-sanitarie del mondo era nel settore pubblico. Con l'inizio della Terza guerra mondiale la situazione cambia.

I due miti portati avanti dai privatizzatori per agevolare la conquista dell'oro blu sono l'efficienza (la libera concorrenza promuoverà maggiori livelli di efficienza), e gli investimenti (il settore privato apporterà gli investimenti necessari per migliorare ed espandere la rete idrica che mancano alla pubblica amministrazione).

Lo slogan è noto: privato è meglio.

Dopo pochi anni, ed innumerevoli fallimenti, il mondo è costretto ad ammettere come le teorie (miti) del libero mercato imposti dalla propaganda non trovino sempre conferma nei fatti.

A livello di efficienza non pare vi sia alcuna differenza significativa tra gli operatori del settore pubblico e privato, come evidenziato dagli studi sui servizi idrici effettuati in molti paesi,[255] dallo Special Rapporteur ONU[256] e dalla Banca Mondiale che, nel

---

[254] Major David J. Stuckenberg, MPS, Anthony L. Contento, Ph.D, *Water Scarcity: The Most Understated Global Security Risk*. In https://harvardnsj.org/2018/05/water-scarcity-the-most-understated-global-security-risk/

[255] David Hall e Manuel Lobina, *Water Privatisation*. In http://www.psiru.org/publications.html. Il PSIRU (Public Services International Research Unit) dell'Università di Greenwich a Londra analizza l'efficacia delle privatizzazioni in tutto il mondo, con particolare attenzione all'acqua, all'energia, alla gestione dei rifiuti e alla sanità.

[256] Analisi dello Special Rappoteur ONU sull'impatto delle privatizzazioni nel settore idrico:
https://documents-dds-ny.un.org/doc/UNDOC/GEN/N20/189/97/PDF/N2018997.pdf?OpenElement

2005, in un documento inerente gli studi analitici sull'industria dei servizi idrici nel mondo, giunge alla seguente conclusione: "Probabilmente la lezione più importante è che le evidenze econometriche sulla rilevanza della proprietà suggeriscono che, in generale, non vi è alcuna differenza statisticamente significativa tra efficienza degli operatori pubblici e privati in questo settore.... La maggior parte dei documenti internazionali sulle utility non trova differenze statisticamente significative nei punteggi di efficienza tra fornitori pubblici e privati."[257]

Anche per quanto riguarda i maggiori investimenti che il privato avrebbe dovuto apportare non trovano conferma nei fatti. Anzi, le evidenze empiriche mostrano come vi sia stata, nella maggioranza dei casi, un sotto investimento sistematico; come parte degli investimenti sia avvenuta grazie a finanziamenti pubblici più o meno mascherati e le estensioni di rete siano state, in alcuni casi - soprattutto nei paesi in via di sviluppo - assolutamente selettive, ossia abbiano riguardato le zone residenziali dei ricchi, lasciando privi di fornitura le zone più povere.[258]

Gran Bretagna

La prima privatizzazione del servizio idrico avviene in Gran Bretagna nel 1989.[259]

Il governo inglese, per convincere la popolazione della bontà dell'operazione – la privatizzazione avrebbe portato un aumento

---

[257] Infrastructure performance and reform in developing and transition economies: evidence from a survey of productivity measures. A. Estache, S. Perelman, L. Trujillo World Bank Policy Research Working Paper 3514, February 2005. http://wdsbeta.worldbank.org/external/default/WDSContentServer/IW3P/IB/2005/03/06/000090341_20050306101429/Rendered/PDF/wps3514.pdf

[258] David Hall, cit.

[259] David Hall ed Emanuele Lobina, *Pubblico vs Privato. Le problematiche del servizio idrico in Inghilterra e nel Galles*. Edizioni Aracne, 2012.

degli investimenti, grazie all'apporto di nuove risorse finanziarie da parte dei privati, ed una maggiore efficienza – spende 22 milioni di sterline. Stessa cifra spendono le società idriche,[260] però la campagna mediatica non ha il successo sperato. A luglio del 1989 il 79% della popolazione inglese è contraria alla privatizzazione,[261] ma il governo privatizza ugualmente.

Al fine di rendere ancora più appetibile l'operazione per i privati, il governo inglese:

- cancella tutti i debiti che la società di gestione idrica aveva accumulato nel periodo precedente la privatizzazione;
- applica uno sconto del 22% sul prezzo di mercato concesso agli acquirenti;
- concede la possibilità di applicare inizialmente una tariffa superiore rispetto agli investimenti programmati nel piano finanziario approvato dall'Ente regolatore del servizio (OFWAT: Office of Water Service);
- garantisce generosi sgravi fiscali sui profitti conseguiti nei primi anni di attività;
- elargisce un ulteriore investimento di denaro, denominato "dote verde", reso disponibile dal governo per consentire alle società idriche di rientrare nei nuovi parametri ambientali fissati dall'Unione Europea.[262]

Il Governo inglese, per tutelare gli utenti da eccessivi ed ingiustificati rincari della bolletta idrica e garantire il conseguimento dell'interesse generale, istituisce un ente regolatore del servizio (OFWAT: Office of Water Service).

---

[260] The Times (London) September 3, 1989. New water advertising campaign under fire; Privatisation.

[261] The Independent, July 4, 1989.

[262] Cfr. David Hall and Emanuele Lobina. From a private past to a public future? - the problems of water in England and Wales By. In https://gala.gre.ac.uk/id/eprint/2946/1/PSIRU_Report_9757_2008-02-W-UK.pdf

Il costo della privatizzazione per gli inglesi è enorme e il Financial Time, in un editoriale del 1989, titola "Acqua privata. Costi pubblici".[263]

Oltre all'ingente trasferimento di risorse pubbliche a favore degli acquirenti privati, la privatizzazione inglese si connota subito per alcune criticità:

- taglio della forza lavoro del settore, con frequente ricorso ad esternalizzazioni e lavoro precario (meno pagato e meno qualificato), a danno della qualità del servizio;
- taglio degli investimenti, con conseguente peggioramento delle rete, maggiore dispersione di acqua, deterioramento dell'acqua distribuita e aumento degli incidenti ambientali;
- taglio agli investimenti in ricerca e sviluppo;
- eccessivi ed ingiustificati rincari della bolletta idrica, spesso causati dal fatto che le società idriche - che devono presentare le loro proiezioni di spesa al regolatore OFWAT affinché fissi la tariffa che ritiene più congrua per fare fronte alla spesa prevista - forniscono al regolatore dati inesatti per quanto concerne il costo degli investimenti programmati, le perdite della rete, i costi operativi,[264] ecc. con la conseguenza che il regolatore OFWAT fissa una tariffa di importo superiore a quella dovuta. Quanto "risparmiato", tra spesa effettiva e la spesa programmata, non porta ad una riduzione delle tariffe, né ad una qualche forma di rimborso, ma viene distribuito dalle società idriche come dividendi

---

[263] Financial Times (London, England) August 3, 1989 Editorial: Private Water, Public Costs.

[264] David Hall ed Emanuele Lobina, 2012. Lo studio realizzato dall'OFWAT mostra come le società di gestione private del servizio idrico abbiano aumentato le tariffe in maniera superiore rispetto ai loro aumenti di costi con la conseguenza che il regime di controllo imposto dall'OFWAT abbia sostanzialmente fallito nel suo obiettivo di fissazione delle tariffe ad un livello tale da rispecchiare gli incrementi di efficienza: "L'andamento dei costi complessivi ha mostrato come gli aumenti tariffari dei servizi offerti abbiano superato gli aumenti dei costi dei fattori di produzione, un trend che è sostanzialmente responsabile dell'aumento dei profitti dei gestori verificatosi a partire dalla privatizzazione".

extra ai loro investitori.[265]

- inefficacia del regolatore OFWAT. Hall e Lobina evidenziano come l'Ente regolatore Ofwat sia stato continuamente raggirato dai gestori privati - sia in modo legale (attraverso la sovrastima da parte di questi degli investimenti da effettuare), sia illegalmente (attraverso l'impiego di parametri erronei nel calcolo dei consumi degli utenti, nel servizio al cliente e nella valutazione dell'entità delle perdite).

Nel 1994 il Daily Mail, in un articolo dal titolo "Il grande furto dell'acqua", critica le società idriche sotto tutti i punti di vista affermando: "Come confermato da una serie di rapporti... incluso quello del National Consumer Council, il caso dell'industria idrica inglese è diventato quello della più grande truffa avvenuta in questo paese... il più grande caso di rapina autorizzata della storia dell'Inghilterra."[266]

A seguito della privatizzazione non solo non sono diminuite le spese, né è aumentata la produttività,[267] ma uno studio commissionato dal regolatore OFWAT, nel 2004, ha evidenziato un declino nel tasso di crescita della produttività a partire dal 2001. Il Quadro generale è stato poi confermato da uno studio successivo, effettuato nel 2007.[268]

---

[265] OFWAT 1995, Financial performance and capital investment of the water companies in England and Wales: 1994-95 report.

https://webarchive.nationalarchives.gov.uk/20081106051648/http://www.ofwat.gov.uk/aptrix/ofwat/publish.nsf/AttachmentsByTitle/capex1994-95.pdf/$FILE/capex1994-95.pdf

[266] 11 Jul 94 The Daily Mail: *The Great water Robbery*.

[267] I dati relativi alla spesa non sono diminuiti dopo la privatizzazione, nè la produttività: "Nonostante la riduzione dei livelli occupazionali, la produttività compelssiva dei fattori di produzione non ha subito alcun incremento a partire dalla privatizzazione del settore idrico. In Saal D. and Parker D. (2001) Productivity and Price performance in the privatised water and sewage companies of England and Wales. Journal of Regulatory Economics 2001.

[268] Saal D., Parker D., and Weyman-Jones T. (2007) Determining the contribution of technical change, efficiency change and scale change to productivity growth in the privatized English and Welsh water and sewerage industry: 1985–2000.

Nei dieci anni successivi alla privatizzazione le società idriche hanno distribuito un enorme ammontare di dividendi ai loro azionisti, mentre la bolletta idrica ha subito aumenti non sostenibili dalla popolazione più bisognosa, con conseguente aumento esponenziale del numero di distacchi delle utenze domestiche dal servizio idrico a causa del mancato pagamento.[269]

Messico

Con l'inizio delle Terza guerra mondiale anche il Messico modifica la sua politica economica e, in nome del libero mercato, si apre commercialmente al mondo.

La privatizzazione dell'acqua in Messico ha inizio nel 1992 quando, durante il governo di Carlos Salinas de Gortari, viene emanato il Water act Nazionale, con il quale viene consentito l'ingresso dei privati nella gestione dell'acqua, e la preziosa risorsa, da diritto fondamentale previsto dalla costituzione, si trasforma in "merce."

Molte imprese e multinazionali trasferiscono le loro attività produttive in Messico. La delocalizzazione ha, tra gli obiettivi prioritari, quello di appropriarsi delle risorse idriche per i loro processi produttivi che, richiedendo grandi volumi d'acqua, sarebbe difficile ottenere nei loro paesi d'origine, il cui prelievo è disciplinato in modo severo. Il Messico, infatti, a differenza di altri paesi, non considera l'acqua una risorsa strategica ed è, conseguentemente, più facile accedervi, come evidenzia il dott. Carlos Manjarrez Domínguez, della Facoltà di Chihuahua: "queste compagnie si trovano in Messico non solo per le condizioni favorevoli di manodopera, ma per l'accesso che hanno all'acqua

---

[269] David Hall ed Emanuele Lobina, 2012. "L'aumento delle tariffe portò quasi un terzo dei titolari di redditi appartenenti alla fascia minima a destinare oltre il 3% del loro salario per il pagamento della bolletta dell'acqua e della depurazione. Il 3% del reddito è considerato dal governo come indicatore di sostenibilità della tariffa. Se la popolazione paga oltre il 3% del reddito significa che la tariffa non è sostenibile".

senza ulteriore limitazione."[270]

Inseguendo il mito del libero mercato e le sue promesse di sviluppo e benessere, viene emanata una legislazione che non solo privilegia l'uso industriale dell'acqua - con la conseguenza che questa viene fornita, prima che alla popolazione, alle industrie -[271] ma permette il taglio di servizio idrico per mancato pagamento il cui accesso, paradossalmente, è considerato dalla Costituzione, un diritto fondamentale.[272]

I gruppi imprenditoriali, tutelati dalla legge, iniziano così uno sfruttamento irrazionale ed insostenibile della preziosa risorsa a danno delle comunità[273] e dell'ambiente.[274]

La situazione viene ulteriormente aggravata dalla riforma energetica del 2013 che cede all'iniziativa privata, insieme alla realizzazione, distribuzione e commercializzazione di energia elettrica, anche la possibilità di appropriarsi delle risorse

---

[270] J. Jesús Lemus, *El agua o la vida* (Spanish Edition). Penguin Random House Grupo Editorial México, 2019. Edizione del Kindle.

[271] Ibidem. Dal 1993, l'organismo operatore di acqua di Aguascalientes lo gestisce la transnazionale Veolia, attraverso la sussidiaria proattiva Ambiente Messico, alla quale si attribuisce la fornitura di acqua in forma privilegiata all'industria automobilistica e agroalimentare che opera in questa zona.

[272] Costituzione Messicana, art. 40 Artículo 4°: "Toda persona tiene derecho al acceso, disposición y saneamiento de agua para consumo personal y doméstico en forma suficiente, salubre, aceptable y asequible. El Estado garantizará este derecho y la ley definirá las bases, apoyos y modalidades para el acceso y uso equitativo y sustentable de los recursos hídricos, estableciendo la participación de la Federación, las entidades federativas y los municipios, así como la participación de la ciudadanía para la consecución de dichos fines."

[273] J. Jesús Lemus, 2019. Mentre gli abitanti di Arantepacua non hanno acqua per le loro attività agricole o da bere, nella zona adiacente di Uruapan non vi è alcuna restrizione per fornire acqua all'impianto industriale.

[274] Ibidem. Nella valle del Messico, ad esempio, dove le falde acquifere si rinnovano in una proporzione di 3.436 milioni di mc all'anno, il governo federale ha accordato il permesso di che si tragga un volume annuale media di 4782 milioni di mc, ciò che genera un disavanzo annuale di più di 1.000 milioni di metri cubi. Le attività estrattive producono movimenti tellurici e sismi. E se ufficialmente non viene riconosciuto alcun legame tra l'aumento dei sismi e l'attività estrattiva, uno studio dell'Università Autonoma di Nuevo Leàn, in collaborazione con il Dipartimento di Geofisica dell'UNAM, rivela che il numero di movimenti sismici sia aumentato con l'aumentare dell'attività estrattiva nelle diverse aree.

idriche.[275] Il grande controsenso di questa riforma è che la fornitura di energia elettrica non è nemmeno a favore delle popolazioni circostanti ai megaprogetti, dove è evidente la mancanza di tale servizio, ma a favore delle industrie.[276]

La cattiva distribuzione dell'acqua non si osserva solo nel settore dell'agricoltura, dell'estrazione mineraria o della produzione di energia elettrica. Vi sono altre industrie che contribuiscono in modo esorbitante all'esaurimento di tale risorsa: le industrie delle bibite e dell'acqua in bottiglia. Secondo il Ministero dell'Economia, i 236 impianti di imbottigliamento di bevande analcoliche che operano in Messico, sono di proprietà di 99 aziende concentrate in 20 gruppi economici.[277]

Secondo il Registro Pubblico dei Diritti dell'Acqua del Governo Federale (Repda), i maggiori detentori dei diritti d'acqua non sono i governi comunali o statali, ma società private che si dedicano all'estrazione mineraria, all'agroalimentare e alle bevande in bottiglia.

Mentre lo Stato riconosce sempre più concessioni all'industria le popolazioni combattono per accaparrarsi le ultime risorse d'acqua, sino a quando non sono costrette ad abbandonare le loro terre.

---

[275] Decreto por el que se reforman y adicionan diversas disposiciones de la Constitución Política de los Estados Unidos Mexicanos en Materia de Energía, Transitorio Octavo, párrafos primero y segundo, Diario Oficial de la Federación, 16 de marzo de 2018.

[276] J. Jesús Lemus, 2019.

[277] Ibidem. La sola Coca-Cola ha 115 concessioni di uso di acqua sul suolo nazionale. Per capire l'entità del problema bastino alcuni dati: per produrre un litro di bevanda gassata è necessaria una media di 200 litri d'acqua, il doppio della quantità minima richiesta al giorno da una persona per soddisfare le esigenze di base secondo l'Organizzazione Mondiale della Sanità. Solo nel terzo trimestre del 2016, queste imprese hanno venduto 18.824 milioni di litri di drink nel mercato nazionale e internazionale. E mentre le industrie minerarie utilizzano in media un metro cubo di acqua per lavorare un grammo di oro, un impianto di imbottigliamento impiega lo stesso volume per preparare cinque bevande analcoliche. È evidente la sproporzione: un grammo di oro viene quotato in media tra i 32 e i 33 euro, cinque bevande analcoliche in media costano sul mercato 2 euro.

Del totale di sfollati interni per sete fino al 2015 si stima che almeno 23.465 abbiano dovuto lasciare la loro terra di origine per mancanza di acqua derivante dal saccheggio da parte di megaprogetti.[278]

Nel comune di Uruapan, dove non esistono limitazioni per rifornire acqua alle industrie (geotermica, di imbottigliamento, ecc.) tra 2017 e il 2018, 2620 persone hanno dovuto abbandonare le loro case a causa dell'esaurimento di 10 sorgenti e del letto del fiume Cupatitzio, oltre 60.000 non hanno acqua per vivere ma, nonostante ciò, Conagua[279] continua a concedere concessioni alle industrie di avogado.

Come già accaduto in Gran Bretagna con OFWAT, anche Conagua, il cui compito era di gestire, controllare, regolare e proteggere le acque nazionali, ha fallito. Anche in questo caso troviamo criticità analoghe a quelle riscontrate in territorio inglese.

Secondo le indagini svolte dall'Auditoría Superior de la Federación (ASF),[280] dal 2006 al 2016 Conagua ha registrato almeno 2.187 "incoerenze" con un danno, per le casse dello Stato, di 107.208 milioni di pesos:

- la maggior parte delle imprese che godono dell'uso diretto dell'acqua potabile non hanno monitoraggio delle spese da parte della Conagua, con la conseguenza che la dichiarazione annuale di utilizzo dell'acqua è sempre lasciata alla discrezione delle stesse aziende;

---

[278] CNDH, Informe Especial sobre Desplazamiento Forzado Interno (DFI) en México, 2016, p. 10.

[279] Conagua è l'agenzia amministrativa decentralizzata del Ministero dell'ambiente e delle risorse naturali, creata nel 1989, la cui responsabilità è di amministrare, regolare, controllare e proteggere le acque nazionali in Messico.

[280] L'audit superiore della Federazione (ASF) è l'organo tecnico specializzato della Camera dei deputati, dotato di autonomia tecnica e gestionale, è responsabile della supervisione dell'uso delle risorse pubbliche federali.

- ➢ delle 239 opere analizzate dall'ASF, il 94% non disponeva di supporto documentale per garantire gli investimenti effettuati con risorse pubbliche, né la realizzazione delle stesse. Tra queste, 63 opere non erano state completate, e 37 neanche realizzate, seppur tutte regolarmente pagate;
- ➢ tra le opere terminate, almeno l'80% delle quelle analizzate dall'ASF aveva presentato sovraccosti che andavano del 30% a 400% sui prezzi pattuiti inizialmente.[281]

A seguito di questa relazione, alla fine di febbraio 2019, viene annunciata una nuova e più approfondita indagine per esaminare in dettaglio il modo in cui Conagua ha operato. Non sarà possibile. Un mese dopo, il 23 marzo, un provvidenziale incendio scoppia nell'edificio della Conagua di Città di Messico bruciando tutti i registri.

Le comunità, sfinite da povertà, disastri ambientali, siccità, inquinamento e malattie tentano di ribellarsi, ma la battaglia è impari: le multinazionali dispongono di enormi risorse economiche ed umane e di un quadro giuridico che le privilegia e le garantisce, mentre la popolazione che non ha altro che la protesta e la lotta sociale, viene debitamente silenziata dai media. "La stampa è complice nello spogliarello delle risorse."[282]

Né le cose vanno meglio in ambito giudiziario perché, come ci spiega l'avvocato Nora Caloca Ramìrez, i ricorsi proposti dagli ambientalisti vengono quasi sempre respinti dai giudici per "errori grammaticali o vizi procedurali."[283]

Così, in molte regioni del paese la disputa per l'acqua, silenziata dai media e che non trova tutela in ambito giudiziario, passa dal conflitto alla guerra. I gesti della popolazione esasperata per portare a chiudere le attività industriali della zona vengono

---

[281] J. Jesús Lemus, 2019.

[282] Ibidem.

[283] Ibidem.

fatte passare come azioni collegate con il crimine organizzato. Nulla è più lontano dalla realtà ma, come ci informa J. Jesús Lemus, la risposta delle imprese alle proteste segue un protocollo ben collaudato, perché copiato dal protocollo delle industrie minerarie europee in Africa e America Centrale e che si compone dei seguenti *step*:

- attacco ai movimenti: si infiltrano nei movimenti, si dividono e si isolano i leaders;
- attacco giudiziario: una volta isolati i leaders questi vengono attaccati giudizialmente con false accuse;
- uso della violenza: se l'intimidazione giudiziaria non funziona, si procede, anche con l'aiuto della criminalità organizzata,[284] a minacce,[285] attentati,[286] sino ad arrivare all'omicidio.[287]

I numeri sono impressionanti: negli ultimi cinque anni 122 persone facenti parte dei movimenti a difesa dell'acqua sono state uccise, altre 139 sono state imprigionate, 163 hanno mandati d'arresto e 270 hanno ceduto davanti alle minacce di morte.

Secondo l'organizzazione Global Witness, attualmente il Messico è il quarto paese a livello globale e il terzo dell'America Latina con i maggiori livelli di aggressione contro ambientalisti,

---

[284] Ibidem. I membri del cosiddetto Cartello Totonacapan hanno collaborato con alcune aziende che cercano di implementare la tecnica di estrazione nota come fracking nella Sierra Norte de Puebla, e ricevono un pagamento compreso tra 500 e 700 dollari al mese per spaventare gli attivisti in difesa dell'acqua.

[285] Ibidem. Solo in Città di Messico, a causa della difesa dell'acqua, sono minacciati di morte 78 ambientalisti.

[286] Ibidem. Le statistiche del Cemda rivelano che, dal luglio 2016 al dicembre 2017, ci sono stati 88 attentati.

[287] Ibidem. In Pungarabato si vive una protesta permanente per il furto di acqua da parte delle aziende di imbottigliamento. Il sindaco, Ambrogio Soto Duarte, aveva più volte manifestato la sua intenzione di dare priorità alla fornitura di acqua alla gente, non all'imbottigliamento. Non ci è riuscito perché lo hanno assassinato la notte del 24 luglio 2016.

appena al di sotto di paesi come il Brasile, Colombia e Filippine, altri paesi dove l'espansione imprenditoriale si basa sul saccheggio delle risorse naturali.[288]

Nella sua relazione di maggio 2018 la Commissione nazionale per i diritti dell'uomo (CNDH) ha evidenziato come il modello di approvvigionamento idrico sia insostenibile in termini economici, sociali e ambientali: "per ridurre lo stato di crisi in cui è entrata la vertenza idrica, non solo c'è bisogno di un cambiamento nella distribuzione, ma è necessario cambiare la visione che si ha dell'acqua, che oggi è considerata una mera merce al servizio dell'industria, a scapito del suo inquinamento e del deterioramento degli ecosistemi lacustri."[289]

Per tutta risposta, un mese dopo, il 6 giugno 2018 il presidente Enrique Pea Nieto, ha firmato 10 decreti presidenziali con i quali viene stabilita la libertà di accedere all'uso dell'acqua per scopi industriali, indipendentemente dal fatto che la preziosa risorsa sia disponibile per la popolazione.

Ma quali possono essere le ragioni che hanno portato a tutto ciò? Secondo J. Jesús Lemus i fattori principali sono:

- la corruzione politica: le grandi multinazionali, potendo incidere sui media e sulle campagne politiche grazie a finanziamenti, si è assicurata una classe politica al servizio del capitale. Molti dei principali beneficiari della consegna discrezionale di concessioni di uso dell'acqua sono politici legati all'industria;
- la corruzione imprenditoriale: il saccheggio dell'acqua è anche incoraggiato dalla corruzione imprenditoriale. Solo nel 2016 la corruzione politica ed imprenditoriale è aumentata del paese

---

288 Ibidem. Global Witness, ¿A qué precio? Negocios irresponsables y el asesinato de personas defensoras de la tierra y del medio ambiente en 2017, Londres, Inglaterra, 2018, p. 10.

289 CNDH. "*Estudio sobre protección de ríos, lagos y acuíferos desde la perspectiva de los derechos humanos*", México, 2018.

18% rispetto all'anno precedente[290] Le pratiche più comuni sono l'uso di relazioni personali o familiari per ottenere appalti pubblici, le tangenti a politici di alto livello, o a partiti politici, e le tangenti a funzionari di livello inferiore per accelerare le formalità;

- la disonestà aziendale: le persone che lavorano presso le aziende devono essere condizionabili e abbastanza spaventate da poter agire in maniera eticamente discutibile: "se non lo faccio io lo farà un altro."

Ecuador

In Ecuador, dove "la gestione pubblica delle risorse idriche era una realtà efficiente",[291] la privatizzazione dell'acqua ha inizio nel 1998 quando, in Costituzione, viene stabilito che l'acqua potabile e di irrigazione, nonché i servizi connessi con la sua utilizzazione possono: "...essere forniti direttamente o per delega a società miste o private, mediante la concessione, associazione, capitalizzazione, trasferimento di proprietà azionaria o qualsiasi altra forma contrattuale".[292]

L'11 aprile 2001 nella città di Washington D.C., presso la sede della Banca interamericana di sviluppo, viene firmato il contratto di concessione integrale dei servizi di acqua potabile e di risanamento nella città di Guayaquil, ad Interagua Cia. Ltda della durata di 30 anni. L'obiettivo del programma di concessione al settore privato, secondo quanto stabilito nel contratto, era "(...) Migliorare la prestazione dei servizi di acqua potabile e rete

---

290 Ibidem. Reporte global de fraude y riesgo, Kroll-Forrester Consulting, 2017, p. 68.

291 Alberto Acosta y Esperanza Martínez, *Agua: Un derecho humano fundamental* (Spanish Edition). Ediciones Abya-Yala, 2010.

292 Ibidem.

fognaria del cantone di Guayaquil, attraverso una concessione di lungo termine al settore privato".[293]

Anche in questo caso si riscontrano gravi inadempienze ed irregolarità nella gestione:[294]

- tariffe d'acqua e rete fognaria considerate soggettive, eccessive, illegali, illegittime e che colpiscono i più poveri, con tagli di acqua a residenti a basso reddito per mancato pagamento;[295]
- basso investimento di fondi propri;[296]
- bassa percentuale di trattamento di acque erogate;[297]
- inefficienza nel processo di distribuzione dell'acqua e nella riscossione;[298]

---

[293]Ibidem.

[294] Ibidem. Ministerio de Desarrollo Urbano y Vivienda (MIDUVI), Ministero dello Sviluppo urbano e dell'edilizia abitativa. Audit completo alla società concessionaria dell'acqua nella città di Guayaquil: Interagua. No. 4086. SAPSYRS-MIDUVI-2009.

[295] Ibidem. Fin dall'inizio della concessione delle tariffe sono aumentate del 167 per cento.

[296] Ibidem. MIDUVI. Audit completo alla società concessionaria dell'acqua nella città di Guayaquil: Interagua. No. 4086. "Il costo del Capitale di investimenti netti comprende gli investimenti realizzati con l'ottenimento di fondi pubblici, quali l'ICE, trasferimenti di ECAPAG, contributo di miglioramenti e apporti comunali" (MIDUVI PAG. 12). "Per quanto riguarda gli investimenti con fondi propri di Interagua concludiamo che in tre anni ha investito solo il 39% di quanto programmato per questo quinquennio. Le entrate per fognature riscosse sono di 160.543.167 dollari, e sono stati investiti solo 43.165.806,54 dollari, ciòè 28%. (MIDUVI p. 14). Lo Stato ecuadoriano, il comune di Guayaquil e gli utilizzatori e utilizzatrici continuano ad investire nell'acqua e nella rete fognaria di Guayaquil, mentre la società privata lucra con i profitti, guadagni ed eccedenze che genera".

[297] Ibidem. MIDUVI. Audit completo alla società concessionaria dell'acqua nella città di Guayaquil: Interagua. No. 4086. "È grave che finora solo il 11% per cento delle acque reflue ricevono depurazione..." (MIDUVI p. 6).

[298] Ibidem. MIDUVI. Audit completo alla società concessionaria dell'acqua nella città di Guayaquil: Interagua. No. 4086. "In Guayaquil si producono 354.530.521 metri cubi di acqua e vengono fatturate 122.596.497. Ciò significa appena il 34,6% di quanto prodotto". La relazione base prevede che "Interagua si mostra inefficiente nella diminuzione delle perdite di acqua potabile mentre 73 consumatori maggiori a 500 m^3 di acqua devono, solo nell'anno 2006 a Interagua USD 16.251.914 che figurano nel bilancio di Interagua come un accantonamento di conti inesigibili".

- non-adempimento degli obblighi contrattuali per la riabilitazione e l'estensione dei servizi, in particolare ai residenti a basso reddito;[299]
- discutibili benefici e relazioni;[300]
- l'ente regolatore ECAPAG non ha adempiuto con una supervisione efficace e responsabile della concessionaria.[301]

Nonostante i problemi sorti, i processi subiti - per l'inquinamento dell'acqua, l'aumento delle tariffe, i recuperi indebiti, la sospensione del servizio, i danni a terzi per lavori compiuti, ecc. - e i ripetuti inadempimenti contestati dall'ente regolatore,[302] le autorità confermano la concessione.

Dopo soli sette anni la concessione si rivela un fallimento e uno dei paesi più ricchi di acqua al mondo entra in crisi: "In Ecuador, possiamo parlare di un enorme processo di concentrazione dell'acqua in poche mani. Come avviene in molte parti del mondo, viviamo l'era del bottino dell'acqua… i gruppi di potere sono riusciti ad ottenere un quadro normativo e l'esecuzione di varie politiche che assicurano a loro favore la concentrazione dell'acqua e la terra.[303]

Il saccheggio dell'acqua è avvenuto, principalmente, in due modi:

---

[299] Ibidem. Nel 2007, Interagua si è vista infliggere una ammenda di un milione e mezzo di dollari e, nel 2008, un'ulteriore ammenda per un valore di oltre cinque milioni di dollari per inosservanze contrattuali.

[300] Ibidem. La relazione di UAP suggerisce alla soprintendenza di indagare "coloro che hanno contribuito a far ottenere la concessione del servizio pubblico di acqua potabile e di risanamento nella città di Guayaquil a International Water Services Interagua C. Ltda., e che, per questo, hanno ricevuto 175.000 dollari, oltre un onorario di 300.000 dollari annui per i primi 10 anni della concessione e, a partire dall'undicesimo anno riceveranno 150.000 dollari" (UAP, P.10).

[301] Ibidem.

[302] Ibidem. MIDUVI. Audit completo alla società concessionaria dell'acqua nella città di Guayaquil: Interagua. No. 4086 "Negli otto anni vigenti della concessione, ECAPAG ha elevato 179 addebiti di infrazione alla concessionaria che hanno dato luogo a sanzioni pecuniarie" (MIDUVI p. 7).

[303] Ibidem.

- attraverso concessioni o autorizzazioni rilasciate dallo Stato che superano la disponibilità del flusso delle fonti, mentre l'investimento pubblico in sistemi di irrigazione è stato orientato a favorire le terre nelle mani di grandi proprietari terrieri;[304]
- attraverso una legislazione che permette alle imprese di pagare un prezzo ridicolo per l'acqua, e a pagare meno sono proprio le attività più inquinanti, quando lo pagano. Infatti, secondo dati del CNRH (Consejo Nacional de Recursos Hídricos) i grandi produttori non pagano o pagano quasi nulla per l'acqua che utilizzano. Il 70% dell'acqua è utilizzata illegalmente.[305]

Oltre a ciò, l'implementazione di processi industriali, attività estrattive intensive petrolifere e minerarie, la produzione di energia elettrica, la produzione intensiva ed estensiva agricola e di agroesportazione, hanno prodotto la distruzione delle foreste e degli ecosistemi vitali per il mantenimento del ciclo idrologico. Tutto ciò non solo ha limitato l'accesso all'acqua per il consumo umano, ma ha anche modificato la vita acquatica e ha provocato la scomparsa e/o avvelenamento di specie che servivano per alimentazione delle popolazioni vicine a queste attività.[306] Secondo dati ufficiali, la maggioranza dei fiumi sotto i 2.000 metri sono contaminati e le acque non sono idonee al consumo

---

[304] Ibidem. IEDECA. "Analisi della distribuzione e gli usi dell'acqua in Ecuador. Relazione preliminare 2009. La popolazione contadina, soprattutto indigena, con sistemi comunali di irrigazione, rappresenta l'86% per cento degli utenti, ma ha accesso a solo il 13% del flusso. Mentre i grandi consumatori, che non rappresentano neanche l'1% di unità produttive, concentrano nelle loro mani il 67% del flusso d'acqua.

[305] Ibidem. I grandi agro esportatori pagano 1,84 USD/ha/anno, i piccoli produttori Ecuadoregni pagano 120 dollari/ ha/anno.

[306] Ana Maria Nuñez. L'optimum economico dell'uso di agrochimici nella produzione di palma africana. Caso Santo Domingo dei Colorado s. Facoltà di Economia della Pontificia Università Cattolica dell'Ecuador. Quito, Abya-Yala. 1998.

umano.[307] Nella Amazzonia ecuadoregna, l'inquinamento è causato dall'attività estrattiva delle industrie petrolifere e minerarie, responsabili dell'aumento di malattie legate all'inquinamento da metalli pesanti.[308]

In Ecuador è in atto un processo di distruzione accelerato delle fonti di acqua, foreste e brughiere che le commissioni di Studio di Impatto Ambientale (EIA[309]) non sono riuscite ad impedire perché la loro attività è ridotta ad una formalità burocratica che presenta quasi sempre le seguenti caratteristiche:

- non sono studi obiettivi;
- sono incompleti;
- sono redatti per un pugno di consulenti direttamente connessi alle imprese;
- forte interesse a sottovalutare gli impatti ambientali;
- non esistono controlli di qualità sulle relazioni che realizzano i consulenti;
- non menzionano gli impatti ambientali di altri progetti.[310]

A fronte di questo disastro l'Ecuador reagisce. Nascono movimenti a difesa dell'ambiente e dell'acqua che si battono contro le imprese che provocano inquinamento delle fonti idriche, la distruzione degli ecosistemi e che utilizzano grandi quantità di acqua, e vincono.

Nel 2008, grazie alla mobilitazione della società - "... va rilevato che il contributo delle organizzazioni della società civile

---

[307] Ibidem. Presentazione della relazione di attività del Segretariato Nazionale dell'acqua, 25 giugno 2009

[308] Miguel San Sebastian, Istituto di epidemiologia e salute Comunitaria "Manuel Amunarriz". Relazione Yana curi. Impatto dell'attività petrolifera sulle popolazioni. E Miguel San Sebastian, Anna-Karin Hurtig. Cancro nella Amazonía dell'Ecuador. 1985-1998. Istituto di epidemiologia e salute Comunitaria "Manuel Amunarriz". Medicus Mundi Guipuzcoa. CICAME. Coedición Abya Yala. 2da. Edizione. Quito, 2004.

[309] Estudios de Impacto Ambiental, EIA.

[310] Alberto Acosta y Esperanza Martínez, 2010.

impegnate da molti anni con la difesa dell'acqua… ha consentito di consolidare una posizione forte… anche per la formulazione stessa dei testi costituzionali"[311] - l'Ecuador emana una nuova Costituzione che si fonda sul recupero di spazi di sovranità sacrificati sull'altare del mito del libero mercato: la sovranità idrica, la sovranità alimentare, la sovranità energetica, la sovranità economica, ecc.

La Costituzione di Montecristi, nel 2009, è stata definita dalla Federazione Internazionale Servizi Pubblici, con sede a Parigi, una delle più avanzate del momento, ed una delle ragioni riguarda proprio la tutela della preziosa risorsa. Il diritto all'acqua, e la difesa delle risorse idriche, appaiono in diverse sezioni della Costituzione.

Ricordiamone alcuni articoli.

Art. 12

Il diritto umano all'acqua è fondamentale e irrinunciabile. L'acqua costituisce patrimonio nazionale strategico di uso pubblico, inalienabile, imprescrittibile, irrinunciabile ed essenziale per la vita.

Art. 32

La salute è un diritto garantito dallo Stato, la cui realizzazione è legata all'esercizio di altri diritti, tra i quali il diritto all'acqua, all'alimentazione, all'educazione, alla cura del fisico, al lavoro, alla sicurezza sociale, ad ambienti sani ed altri diritti alla base del buon vivere

Art. 66, comma 2

[311] Ibidem. "Altri attori, dentro e fuori Montecristi, difendevano chiari interessi particolari. Alcuni sostenevano la necessità della privatizzazione sostenendo la loro totale sfiducia nei confronti dello Stato, accompagnata da una subordinazione – non sempre pubblica – agli interessi privatizzati. Ricordiamo la pressione di Interagua, la società che ha privatizzato il servizio idrico a Guayaquil. I suoi interessi erano difesi dai suoi stessi rappresentanti, che erano costantemente nei corridoi dell'Assemblea, e persino da un paio di membri dell'assemblea e da qualche alto funzionario governativo. Questi gruppi hanno cercato di trovare una via d'uscita basata solo sul "diritto di accesso all'acqua", per lasciare aperta la porta alla sua mercificazione, cioè alla sua privatizzazione".

Saranno riconosciuti e garantiti alle persone... Il diritto ad una vita dignitosa, che assicuri salute, alimenti, acqua potabile, abitazione, salute ambientale, educazione, lavoro, riposo e tempo libero, attività fisica, vestiario, sicurezza sociale ed altri servizi sociali essenziali.

Art. 281, comma 4

La sovranità alimentare costituisce un obiettivo strategico e un obbligo dello Stato per garantire che persone, comunità, popoli e nazionalità raggiungano l'autosufficienza di alimenti sani e culturalmente appropriati in maniera permanente. A questo fine, sarà responsabilità dello Stato...Promuovere politiche redistributive che consentano l'accesso dei contadini alla terra, all'acqua e alle altre risorse produttive.

Art. 282

Lo Stato regolerà l'uso e l'accesso alla terra che dovrà svolgere una funzione sociale e
ambientale. Un fondo nazionale per la terra, stabilito dalla legge, regolerà l'accesso equo dei contadini e delle contadine alla terra.

Si proibisce il latifondo e la concentrazione della terra, così come l'accaparramento o la
privatizzazione dell'acqua e delle sue fonti.

Lo Stato regolerà l'uso e la gestione dell'acqua irrigua per la produzione di alimenti, nel rispetto dei principi di equità, efficienza e sostenibilità ambientale.

Art. 313

Lo Stato si riserva il diritto di amministrare, regolare, controllare e gestire i settori strategici, nel rispetto dei principi di sostenibilità ambientale, precauzione, prevenzione, efficienza. I settori strategici, di decisione e controllo esclusivo dello Stato, sono quelli che per importanza e dimensione hanno una decisiva influenza economica, sociale, politica o ambientale, e dovranno orientarsi al pieno sviluppo dei diritti e all'interesse sociale.

Art. 318

L'acqua è patrimonio nazionale strategico di uso pubblico, di dominio inalienabile e imprescindibile dello Stato, e costituisce un elemento vitale per la natura e per l'esistenza degli esseri umani. Si proibisce qualsiasi forma di privatizzazione dell'acqua. La gestione dell'acqua sarà esclusivamente pubblica o comunitaria. Il servizio pubblico di bonifica, il rifornimento di acqua potabile e l'irrigazione saranno erogati unicamente da persone giuridiche statali o comunitarie. Lo Stato rafforzerà la gestione e il funzionamento delle iniziative comunitarie in merito alla gestione dell'acqua e l'erogazione dei servizi pubblici, attraverso l'incentivo di alleanze tra il pubblico e il comunitario per la prestazione dei servizi. Lo Stato, mediante l'autorità unica dell'acqua, sarà il diretto responsabile della pianificazione e della gestione delle risorse idriche destinate al consumo umano, all'irrigazione che garantisca la sovranità alimentare, ai flussi idrici ecologici e alle attività produttive, in quest'ordine di priorità. L'acqua è patrimonio nazionale strategico di uso pubblico, dominio inalienabile e imprescrittibile dello Stato, e costituisce un elemento vitale per la natura e per l'esistenza degli esseri umani. È vietata qualsiasi forma di privatizzazione dell'acqua. La gestione dell'acqua è esclusivamente pubblica o comunitaria. Il servizio pubblico di risanamento, l'approvvigionamento di acqua potabile e l'irrigazione saranno forniti unicamente da persone giuridiche statali o comunitarie. Lo Stato rafforzerà la gestione e il funzionamento delle iniziative comunitarie in merito alla gestione dell'acqua e la prestazione dei servizi pubblici, tramite l'incentivo di alleanze fra pubblico e comunitario per la prestazione di servizi. Lo Stato, attraverso l'autorità unica dell'acqua, sarà il responsabile diretto della pianificazione e gestione delle risorse idriche che sono destinate al consumo umano, irrigazione che garantisca la sovranità alimentare, flusso ecologico e attività produttive, in questo ordine di importanza. Sarà richiesta l'autorizzazione dello Stato per l'approvvigionamento di acqua a fini produttivi da parte dei settori pubblico, privato e dell'economia popolare e solidale, in accordo con la legge.

La costituzione ecuadoregna è una delle poche al mondo che stabilisce che l'acqua è un diritto umano fondamentale e irrinunciabile. In quanto diritto umano è stata così superata la visione commerciale dell'acqua e si è ripresa quella di "utente", vale a dire quella del *cittadino* in luogo del *cliente*, che si riferisce solo a chi può pagare.[312]

Ma non solo. La costituzione comprende una definizione nuova e visionaria che dichiara l'acqua patrimonio nazionale strategico di uso pubblico, ne vieta esplicitamente la sua privatizzazione e stabilisce che la sua gestione è riservata ad enti pubblici e comunitari.

A raccontarci l'importanza di definire l'acqua patrimonio strategico è Alberto Acosta, economista ecuadoriano e presidente dell'Assemblea costituente: *Si è introdotto il concetto di patrimonio, che va molto al di là della definizione di "bene", per liberare l'acqua dalle pressioni del mercato e dalla speculazione.*

L'acqua non può essere assunta come un servizio ambientale che può essere messo sul mercato. Questo è uno dei temi centrali. Parlare di patrimonio è pensare a lungo termine, perché il patrimonio culturale è qualcosa che deve essere garantito per le future generazioni. Si può usufruire del bene, usare il bene, pagare per l'uso del bene; ma quando si tratta di un patrimonio, per utilizzarlo si deve garantire la possibilità di legarlo alle prossime generazioni. Parlare di patrimonio, in questo caso, significa garantire i cicli vitali dell'acqua e dei suoi vari usi o valori: ambientali, sociali, culturali, economici, ossia obbliga la difesa di tali risorse per il proprio valore, indipendentemente dalla loro utilità commerciale. L'idea di patrimonio, in questo senso, vuole disarmare il concetto di "capitale idrico", che vede l'acqua semplicemente come

---

[312] Ibidem. La Costituzione di Montecristi ha cancellato i debiti di acqua di consumo umano agli abitanti in estrema povertà, e concesso l'amnistia per i difensori dei diritti della natura che, nella maggioranza dei casi, riguardavano proprio la difesa dell'acqua. Si trattava di accuse e procedimenti giudiziari per resistenza a progetti minerari, petroliferi, alla costruzione di sbarramenti sui fiumi, o alla distruzione delle foreste, ecc... E, ciò che è più eclatante, è che nel 90% le accuse provenivano da imprese. L'amnistia ha riconosciuto che, in tutti i casi presentati, le persone coinvolte erano "uomini e donne… che si erano mobilitati in difesa della vita, delle risorse naturali e l'ambiente" e che erano stati "oppressi, e poi processati, per reati politici e comuni, in alcuni casi da compagnie nazionali e straniere, in altri da intermediari, inclusi funzionari pubblici". Il processo di amnistia ha stabilito che, in realtà, tutte queste persone stavano esercitando il loro "diritto a difendere le risorse naturali per raggiungere una vita dignitosa all'interno di un ambiente ecologicamente sano e libera di inquinamento".

uno strumento del processo produttivo, o come “capitale naturale” che sta alla base della mercificazione della natura.

Purtroppo, gran parte della popolazione ha perso il controllo e la visione integrale dell'acqua. Si è ceduta la sua gestione, in molti casi a imprese con fini di lucro che non necessariamente vegliano sulla salute dell'acqua e nemmeno perché il suo ciclo vitale venga mantenuto. Ma agli esseri umani deve essere garantito il diritto di accedere all'acqua: quantità e qualità sono aspetti fondamentali.

Ecco perché l’erogazione di questo servizio spetta allo Stato. Per l'impresa privata il concetto di servizio è condizionato dalla redditività. Garantire il diritto all'acqua presuppone, allora, di assicurare il controllo statale dei servizi.

L’acqua, essenziale per la vita, è inoltre una componente fondamentale della natura, che ha diritti propri ad esistere e a mantenere i suoi cicli vitali.

In quanto componente della natura, è stata riconosciuta nella Costituzione di Montecristi l'importanza dell’acqua come essenziale per la vita di tutte le specie. Questo significa che gli obiettivi economici devono essere subordinati alle leggi di funzionamento dei sistemi naturali. Non si può vedere il legno, le banane, i minerali, il sottosuolo, l'acqua stessa solo come merci o come risorse che devono essere sfruttate, perché questa sarebbe una visione molto simile alla visione dei trafficanti di schiavi.

Questa è una posizione avanzata, non solo in Ecuador, ma nel mondo.

Purtroppo, come ci rivela il prof. Acosta, anche in Ecuador l'applicazione dei principi costituzionali è estremamente difficile: “La Costituzione del 2008 è diventata lettera morta, soprattutto in quegli aspetti che cercavano di approfondire la democrazia, e cambiare strutturalmente il modello di società ed economia, mentre ci sono forze politiche che propongono di cambiarla.”[313]

---

[313] https://oplas.org/sitio/2020/10/26/alberto-acosta-pensando-en-chile-la-constitucion-un-proyecto-de-vida-en-

comun/?fbclid=IwAR0KQ8xnMeBJ8QpmKwpfEIZNewQctLx79hRNdjue82KL5J3CfP1PIUmpcG0

L'accaparramento delle fonti d'acqua italiane

di Maurizio Montalto

Le privatizzazioni in Italia hanno inizio il 29 gennaio 1992 con la legge n. 35/1992 (Legge Carli – Amato). In nome dei miti del libero mercato - efficienza ed investimento - il numero di aziende che il nostro Paese privatizza è impressionante:[314] "Fermandosi al 2007, le privatizzazioni italiane si collocano al secondo ed al quinto posto a livello globale."[315]

Nel 2010 la Corte dei Conti, in una relazione su "Obiettivi e risultati delle operazioni di privatizzazione", evidenzia come i miti del libero mercato non trovino conferme nei fatti.[316] Ma, nonostante le evidenze empiriche, e la denuncia della Corte, le privatizzazioni vanno avanti, interessando i beni culturali,[317] il

---

[314] Tra le altre: Telecom, Eni, Enel, Comit, Imi, Ina, Credito italiano, Autostrade, Agip Argentina, Cirio-Bertolli-De Rica, Pavesi, Nuova Pignone, SME, Aeroporti di Roma, Alfa Romeo Avio, Banca di Roma, SEAT, AEM, Alitalia, BNL, Banca MPS, Mediocredito Centrale, Finmeccanica, Autogrill, GS, EniChem Augusta, Italstrade, ecc..

[315] Corte dei Conti, relazione del 10 febbraio 2010 su Obiettivi e risultati delle operazioni di privatizzazione di partecipazioni pubbliche.

[316] Ibidem: "Per quanto riguarda le utilities, c'è tuttavia da osservare che l'aumento della profittabilità delle imprese regolate è in larga parte dovuto, più che a recuperi di efficienza sul lato dei costi, all'aumento delle tariffe che, infatti, risultano notevolmente più elevate di quelle richieste agli utenti degli altri paesi europei, senza che i dati disponibili forniscano conclusioni univoche sulla effettiva funzionalità di tali aumenti alla promozione delle politiche di investimento delle società privatizzate. Considerazioni analoghe possono valere anche per ciò che attiene agli effetti sul livello sia delle tariffe autostradali, sia degli oneri che il sistema bancario pone a carico della clientela, tutt'oggi sistematicamente e considerevolmente più elevato di quello riscontrato nella maggior parte degli altri paesi europei".

[317] Alice Leone, Paolo Maddalena, Tomaso Montanari, Salvatore Settis, *Costituzione incompiuta: Arte, paesaggio, ambiente*. Einaudi, 2013. Edizione del Kindle: "Quando Cicerone, nel 70 a.C., deve mostrare ai giudici la mostruosità della corruzione di Verre, egli racconta come, dopo aver spogliato le città siciliane del loro patrimonio artistico, il governatore ne avesse anche falsificato gli atti pubblici, facendo risultare che quelle opere gli sarebbero state vendute. Ed era questo il crimine piú odioso: «Ritengono infatti che l'infamia piú grande consista nel fatto che gli archivi pubblici possano ricordare che una città, per amor di guadagno (e di un

demanio minerario, il demanio marittimo e il demanio idrico "in netta controtendenza con quanto espresso da 27 milioni di italiani che hanno votato a favore del referendum contro la privatizzazione delle reti di distribuzione dell'acqua."[318]

E, se da un lato alcuni Stati istituiscono programmi nazionali specifici per "accaparrarsi l'importante risorsa,[319] noi continuiamo a cedere a multinazionali straniere la gestione dell'"oro blu." Atteggiamento difficilmente comprensibile.

Il processo di privatizzazione del patrimonio idrico italiano è iniziato nel 1994,[320] e si è sviluppato attraverso una legislazione nazionale ed europea[321] che, nei fatti, ha agevolano processi

---

piccolo guadagno!), abbia messo in vendita e alienato ciò che aveva ricevuto dalle generazioni precedenti». Per i siciliani del I secolo a.C., dunque, non c'era vergogna più grande che vendere per denaro il proprio patrimonio storico e artistico, che era invece un inviolabile alimento della vita civile, da custodire e da tramandare alle future generazioni. Un punto di vista troppo remoto dall'Italia di oggi, letteralmente messa all'asta".

[318] Paolo Maddalena, *Territorio, bene comune degli italiani*. Donzelli Editore, 2014. Edizione del Kindle.

[319] "Centro di studi strategici e internazionali (CSIS), auspica che a breve gli Stati Uniti possano aggiudicarsi il primato mondiale nel settore idrico. Sostengono la creazione di un ufficio per la politica internazionale in ambito idrico, che sarebbe affiliato all'USAID.
In https://infoguerre.fr/fichiers/environnement_concurrentiel_Veolia.pdf

[320] È con la legge Galli del 1994, la n° 36, che ha preso l'avvio il processo di modifica del sistema idrico, al fine di radicare in maniera strutturale le privatizzazioni nel Paese. In primis, s'è previsto il superamento della centralità dei Comuni nel governo della preziosa risorsa trasferendone le funzioni a un'aggregazione degli Enti locali denominata Ente d'Ambito. A questi è stata imposta l'applicazione di un modello di gestore operativo: un soggetto, che si facesse carico dell'intero ciclo idrico integrato (distribuzione dell'acqua, fognature e depurazione) in precedenza gestito da una molteplicità di attori; la soluzione ha indotto alla costituzione di società per azioni a capitale pubblico e alla ricerca sul mercato di soggetti privati cui affidare funzioni intercomunali. La norma centrava il sistema sui principi dell'efficacia, dell'efficienza e dell'economicità caratterizzando così la risorsa idrica come bene del mercato, nonché astraendola totalmente dalle finalità sociali del servizio idrico con la funzione di garantire il riconoscimento di un diritto umano all'acqua e dei servizi igienico-sanitari.

[321] Basti qui citare il caso della VEOLIA Environnement - leader nel settore, che insieme all'altra multinazionale francese Suez detiene quasi due terzi del mercato mondiale – che, come evidenzia la scuola di guerra economica francese, è stata fortemente favorita dalla direttiva del 2000 dell'Unione Europea che raccomandava la gestione dell'acqua per bacino, secondo il modello francese. In

aggregativi così da favorire l'affidamento alle Big Corporation straniere.

E questo nonostante gli avvertimenti dati negli anni sul rischio che un settore strategico come quello idrico potesse essere, attraverso la privatizzazione e trattati bilaterali,[322] predato da multinazionali straniere.[323]

Corporation internazionali, utilizzando il potere della legge, hanno fatto il proprio ingresso in Italia da alcuni decenni, imponendosi sulle Istituzioni del Paese, appropriandosi in maniera strutturale di risorse vitali e assumendo il controllo di settori strategici.

Se si analizza il percorso ci si rende conto che non sono le regole del mercato le modalità attraverso le quali si sono affermate le gestioni delle Big Corporation, bensì le condizioni strutturali imposte dalle leggi che hanno escluso ab origine le possibili alternative.

Il modello di attacco era già stato evidenziato con chiarezza dal prof. Daniele Cellammare, docente di Storia delle Istituzioni Militari presso la Sapienza, Università di Roma e direttore dell'Istituto Studi Ricerche Informazioni Difesa (ISTRID), nel volume *Acqua arma strategica*: "Il modello dominante è basato sul controllo centralizzato e sui grandi progetti da parte degli Stati e delle imprese (nazionali e multinazionali) piuttosto che su una gestione democratica e decentralizzata delle risorse idriche da

---

https://infoguerre.fr/fichiers/environnement_concurrentiel_Veolia.pdf

[322] Arthur ALTOUNIAN, Kamielton Noël ARULRAJ, Georges BONFILS, Julien-Thaï BUIDINE, Frédéric PUPPATTI, Daniel WALSH, *L'Europe est-elle assez forte pour se prémunir des stratégies de prédation étrangères de ses infrastructures vitales*? In https://www.ege.fr/sites/ege.fr/files/uploads/2017/01/etude-janvier2017.pdf?fbclid=IwAR38x-: "Nel settore idrico, la predazione straniera assume prima la forma di trattati bilaterali in cui gli investitori stranieri possono citare in giudizio gli Stati membri se le misure di protezione sociale o ecologica minacciano la loro redditività".

[323] Daniele Cellammare, *Acqua arma strategica*. Rivista Militare, 2009.

https://www.difesa.it/SMD_/CASD/IM/IASD/65sessioneordinaria/Documents/Acqua_Arma_Stategica.pdf parte delle comunità locali. La gestione privata consente l'accesso all'acqua solamente a chi è in grado di fornire un corrispettivo economico, con l'inevitabile negazione del diritto all'accesso per una parte sempre più numerosa della popolazione mondiale. L'obiettivo è, infatti, la realizzazione del massimo profitto da ogni goccia d'acqua esistente sulla Terra (per contro, diversi modelli di consumo vengono indotti dalle strategie di marketing delle multinazionali del settore, che spingono le persone a bere solo acqua e bibite in bottiglia)."[324]

Una mappatura di massima della gestione del servizio idrico e delle fonti del centrosud Italia ci dice che nel Lazio domina l'ACEA, società a maggioranza del Comune di Roma, ma partecipata dalla Suez francese.

L'Acea è una holding, che gestisce la Capitale attraverso una sua controllata che è Acea Ato 2, ma poi occupa la provincia di Frosinone con Acea Ato5 e estende la propria influenza su altre Regioni (Toscana, Umbria, Molise e Campania) attraverso altre società del gruppo. L'ACEA ha la gestione contemporanea della distribuzione (acqua al dettaglio) e delle fonti (acqua all'ingrosso).

Nel Lazio troviamo poi la Veolia, che partecipa al capitale della società della provincia di Latina. Ma questa multinazionale ha una maggiore propensione all'occupazione delle fonti d'acqua. Ne ha assunto la gestione in Campania dove controlla la società Acquacampania SpA, in Calabria con la Sorical e in Sicilia con Siciliacque.

Nel 2011 il Governo Monti dispose in finanziaria la chiusura degli Enti c.d. inutili comprendendovi l'EIPLI, che ha sede in Basilicata dove sono allocati i maggiori invasi.

Il Governo Conte, con il c.d. "decreto crescita", all'art. 24 ha posto in liquidazione l'Ente e ne affida le funzioni a una Società per Azioni a capitale pubblico.

---

[324] Daniele Cellammare, 2009.

L'analisi dell'andamento storico delle vicende societarie del settore idrico ci dice che il passaggio successivo consiste nell'ingresso dei privati e il trasferimento ad essi del controllo dell'azienda. Ma la soluzione auspicata dall'Arera e dal Distretto Appenninico va oltre, poiché sono entrambi impegnati nella creazione di un soggetto, che accorpi la gestione dell'intero sistema idrico del centrosud Italia. Si tratta di aggregare formalmente un sistema già affidato alle due multinazionali francesi Suez e Veolià; sono già in atto accordi, protocolli e reti d'impresa attraverso le quali si stanno creando le condizioni tecniche per la transizione.

Il programma di medio/lungo termine continua ad avanzare attraverso processi graduali di aggregazione favoriti da legislazioni ad hoc[325] che sottraggono, nei fatti, agli Enti locali la forza per governare e gestire la risorsa, così da favorire l'esternalizzazione della funzione politica con la conseguenza che oggi, in Italia, il sistema pubblico è stato sostituito, nella quasi totalità, da grandi imprese con scopo di lucro che hanno maturato enormi profitti e hanno lasciato degradare le infrastrutture al punto da generare una perdita di risorse idriche pari quasi al 50%.[326]

Ciò è avvenuto attraverso attacchi multilivello che si sono concretizzati in una forte pressione culturale, nella creazione d'un sistema tariffario funzionale al progetto,[327] una legislazione,

---

[325] Vedi infra.

[326] https://www.istat.it/it/files//2020/12/StatReport-CensAcque2018.pdf; agenzia DIRE del 3.10.2020: Acqua. Legambiente: quasi il 50% finisce dispersa nelle perdite di rete.

[327] L'art. 154 del Testo unico ambientale afferma il principio della copertura totale dei costi in tariffa (full cost recovery); la norma è contraddetta dalla tendenza alla perequazione, con livellamento verso l'alto delle tariffe, prima in territorio d'ambito e poi a livello nazionale.
Per approfondimenti cfr. https://www.arera.it/it/docs/dc/15/230-15a.jsp

talvolta discriminatoria,[328] e una riforma del sistema delle competenze.

Il modello veniva, e viene, proposto puntando ad una teorica efficienza, efficacia ed economicità. Teorie appunto che, a livello empirico, come abbiamo visto, si sono dimostrate non vere.

I dati mondiali, inoltre, ci raccontano come l'acqua destinata al consumo umano sia il 10% del totale, mentre il 90% è destinato a industria e agricoltura.[329] In considerazione di ciò, le continue campagne finalizzate alla riduzione dei consumi nelle abitazioni possono avere un impatto marginale sulla risorsa, ma costituiscono una pressione costante sui cittadini tenuti a bada dalla colpevolizzazione permanente. Uno stato psicologico rafforzato da messaggi fuorvianti orientati a una percezione positiva di chi detiene il controllo del sistema.[330]

Il c.d. *Bonus idrico*, poi, è propagandato come una sorta di liberalità in favore delle fasce della popolazione più vulnerabile, ma è semplicemente un sistema di recupero dei crediti non riscossi, che è lungi dal favorire gli impoveriti.[331]

La funzione precipua dei c.d. "contatori smart" è di consentire il distacco dell'acqua, la riduzione del flusso a distanza nell'ipotesi di morosità o il pagamento degli oneri con prepagata; la narrazione ricorrente prova a favorirne l'accettazione facendo leva su argomenti illogici, quali la capacità di ridurre le perdite a

---

[328] Esempi ne sono il già citato d.lgs 380/2011 che, all'art. 48 nega l'accesso all'acqua a coloro che alloggino in insediamenti informali e l'art. 5 della legge 80 del 2014 che esclude dal diritto coloro che trovino dimora in ripari di fortuna.

[329] Rapporto WWAP 2019. In https://www.susana.org/_resources/documents/default/3-3574-132-1553184077.pdf

[330] Una sorta di pressione permanente esercitata sulla collettività colpevolizzata indebitamente per l'uso errato della risorsa, o addirittura accusata di volerla usurpare. I processi comunicativi volti a radicare nella cultura l'idea che vi sia scarsità d'acqua e che ciò dipenda dalle scelte errate del cittadino, dalla sua morosità o inadeguatezza, ma non dall'assenza di investimenti nel settore e dalle scelte politiche, sono costanti; la proposta di bilancio dello Stato del 2020, all'art. 136, stanzia un milione di euro per la realizzazione di campagne educative finalizzate allo scopo.

[331] Cfr. Rapporto WWAP 2019.

monte applicando la tecnologia a valle, in tal modo caricando di responsabilità il cittadino che non intenda consentire la sostituzione quando teme che qualcuno eserciti uno strapotere nel proprio appartamento. Operazioni possibili in quanto trovano copertura in una legislazione di favore che ripropone, senza esercitare alcuna funzione critica, le argomentazioni delle lobby.[332]

Nel corso degli ultimi lustri, poi, le competenze istituzionali nazionali in materia di servizio idrico sono mutate gradualmente passando dal Ministero dell'Ambiente, con le sue articolazioni interne, ad una c.d. Autorità indipendente quale mera regolatrice del mercato;[333] la funzione politica di garante del diritto all'acqua esercitata dal Governo viene sostanzialmente azzerata. I componenti dell'Autorità, affidataria di una funzione essenzialmente ragionieristica, provengono per lo più dalle aziende che sono destinati a vigilare.[334] Le decisioni fondamentali sono rimesse alle Corporation, che hanno assunto il controllo

---

[332] Il sole 24 ore - Il ruolo delle Utility - 5 settembre 2020; il sole 24 ore – Per l'acqua non servono bonus ma riforme strutturali. del 30.12.2020; agenzia italpress del 2.1.2021 cit. Utilitalia: "il Piano nazionale di ripresa e resilienza rappresenta un'occasione unica per dare una spinta agli investimenti e superare i limiti decennali derivanti dall'immobilismo di alcune amministrazioni locali"

[333] Con la legge Galli veniva istituito il Coviri (Comitato di vigilanza sulle risorse idriche), un organo di vigilanza del servizio idrico, privo di poteri sostanziali, incardinato presso il Ministero dell'Ambiente. Nei decenni successivi la Commissione subiva alcune trasformazioni soprattutto di denominazione: nel 2006 "Autorità di vigilanza sulle risorse idriche e sui rifiuti" e, nel 2009, Conviri (Commissione nazionale di vigilanza sulle risorse idriche). Nel 2011 veniva costituita l'Agenzia per la regolazione e la vigilanza in materia di acque indipendente dal Governo. A distanza di pochi mesi tutte le funzioni assegnate all'Agenzie, con decretazione d'urgenza (cfr. dl 6 dicembre 2011, n. 201, convertito in legge 22 dicembre 2011, n. 214) erano trasferite all' Autorità indipendente regolatrice del mercato AEG, poi AEGSI, di seguito denominata ARERA.

[334] L'espresso, 11 settembre 2018, "Per vigilare sulle bollette arrivano i riciclati di Lega e M5S. In conflitto d'interessi. Per la prima volta da quando è stata istituita, nell'Authority dell'Energia entrano funzionari di partito ed ex parlamentari. E quasi tutti i nuovi membri vengono da aziende che ora dovrebbero controllare".

https://espresso.repubblica.it/attualita/2018/09/11/news/vigilare-sulle-bollette-arrivano-riciclati-di-lega-e-m5s-in-conflitto-d-interessi-1.326791

materiale, economico e politico della preziosa risorsa; a queste la legislazione fornisce uno scudo protettivo sottraendole a responsabilità mediante la ratifica delle scelte affidata all'Autorità che, priva della capacità d'incidere in maniera sostanziale, diviene destinataria delle recriminazioni dei cittadini. Ma vi è di più! Nella dialettica pubblica il dibattito ha subito un ribaltamento dei rapporti. Le Istituzioni democratiche deputate al governo del ciclo idrico integrato, nonché alla vigilanza delle attività del gestore, subiscono le critiche delle Corporation, che si pongono formalmente in posizione paritetica e, sostanzialmente, in un ruolo sovraordinato. Riescono, infatti, nel proprio intento di esautorare gli Enti e assumere il controllo del sistema imponendo i propri indirizzi al legislatore nazionale e regionale, vanificando per l'effetto gli sforzi degli Enti locali.

In questo scenario destano preoccupazione la gestione delle fonti d'acqua e la vulnerabilità delle tecnologie in campo. L'acqua è storicamente strumento di condizionamento militare. La distanza tra il Governo nazionale e la risorsa pone interrogativi sulla capacità di reagire e di garantire l'incolumità dei cittadini nell'ipotesi di attacchi terroristici e militari.

Le infrastrutture programmate, grandi adduttori orientati da sud verso nord, paiono integrare quelli esistenti di interconnessione tra le regioni del centrosud Italia con l'obiettivo di realizzare un canale di trasferimento della risorsa verso una destinazione sovranazionale. I cambiamenti climatici incidono sulla disponibilità idrica, così come l'uso delle idrovore centrali nucleari, e disporre di una riserva d'acqua può aiutare.

Gli invasi, le dighe, le traverse, i giganteschi tubi realizzati nel dopoguerra dalla Cassa del Mezzogiorno sono gli impianti che forniscono acqua per uso irriguo, idropotabile e industriale; le infrastrutture di livello regionale sono già affidate a società partecipate dalle francesi Suez e Veolià.[335] A queste la politica tende a garantire soluzioni di favore, forzando talvolta la legislazione vigente[336] laddove non ancora ricalchi perfettamente le necessità. Analogo è il destino riservato alle infrastrutture interregionali destinate alla privatizzazione che il Parlamento ha esposto ad acquisizione.[337] L'obiettivo dichiarato[338] è l'unificazione dell'intero sistema idrico nelle mani di un unico soggetto, che aggreghi le molteplici gestioni, la maggior parte delle quali è controllata dalle Corporation galliche.

Le gestioni idriche sono altamente informatizzate. Il telecontrollo è uno degli strumenti operativi principali e si fonda sull'uso di internet. La vulnerabilità della rete deve preoccupare, poiché la manomissione o l'utilizzo improprio del sistema potrebbe pregiudicare la regolare erogazione d'acqua a 60 milioni di cittadini.[339] La pressione delle lobby, che chiedono norme per favorire l'informatizzazione estrema, non tiene conto della priorità di garantire la sicurezza del sistema; in assenza di una forza di

---

[335] A titolo esemplificativo la Holding Acea, Sorical, Acqualatina, Acquacampania, Siciliacque.

[336] Cfr. ex plurimus: Corte Costituzionale, sentenza 177/2015; TAR Sicilia, sentenza n. 328/2020.

[337] Cfr. art.24 del DL crescita liquida l'EIPLI (l'Ente pubblico interregionale che gestisce le fonti idriche del Mezzogiorno d'Italia) https://www.gazzettaufficiale.it/eli/id/2019/06/29/19A04303/sg e costituisce in sostituzione una SpA.

[338] Alcuni interventi che esprimono la volontà di costruire un soggetto unico per la gestione del sistema idrico del centro sud Italia. Agenzia AGI 11.7.2020 "Abbiamo stilato un piano per il governo e la gestione delle risorse acqua e suolo e del sistema territoriale ed infrastrutturale connesso, quale significativo contributo al rilancio della "macro regione del Mezzogiorno" nel contesto del bacino del Mediterraneo", ha annunciato Corbelli." Agenzia NOVA 13 giugno 2020 – le parole di Guerini referenti di ARERA per l'acqua: "Criticità sono presenti in Lazio, Campania, Calabria e Molise e Sicilia. È forte la frammentazione orizzontale, con centinaia di Comuni che intervengono direttamente sulla gestione delle infrastrutture e l'erogazione del servizio e si sottraggono al monitoraggio dell'Autorità". Il sole 24 ore articolo dal titolo "Una S.p.A. pubblica per portare acqua al Sud - Andrea Guerini. Il Consigliere: "no a pubblicizzazione e ritorno a regolazione ministeriale"

[339] Fabio Mini, 2017: "In particolare, la forza della rete non sta nella sua impenetrabilità ma proprio nella capacità di essere accessibile e manipolabile".

bilanciamento, che spinga per una valutazione approfondita, il Governo tende ad assecondarne i desiderata.

Come abbiamo visto, alcuni Paesi si sono dotati di scuole, strumenti di analisi geopolitica, di programmazione e orientamento delle scelte. Le Corporation francesi Suez e Veolià si stanno fondendo per costituire un unico grande soggetto in grado di fronteggiare l'avvento dei colossi extraeuropei ai quali sono esposte le risorse fondamentali; sono vigilate e orientate dallo Stato, che fonda i propri indirizzi sui rapporti di forza nelle relazioni internazionali. Le scelte attuali si ritrovano negli indirizzi forniti dalla Scuola di guerra economica francese.[340] In questo scenario, l'occupazione delle risorse idriche dell'Italia rafforza la strategia garantendo disponibilità materiale e economica, oltre a potere politico e controllo dei nostri territori. Il settore in Italia appare vulnerabile poiché la Nazione è priva di una strategia di difesa della sicurezza nazionale in questo ambito.[341] Per queste ragioni la creazione di un sistema d'intelligence giuridica ad hoc, la pianificazione e la realizzazione di un piano di sicurezza delle infrastrutture strategiche appaiono soluzioni ineludibili.

---

[340] https://infoguerre.fr/fichiers/environnement_concurrentiel_Veolia.pdf

[341] Solo con l'ultimo DCPM, numero 179 del 18 dicembre 2020, pubblicato in G.U. n. 322 del 30 dicembre, che è entrato in vigore il 14 gennaio 2021, l'acqua è stata annoverata tra i beni e rapporti di interesse nazionale in cui si applica il Golden Power.

Bibliografia

Acosta Alberto y Martínez Esperanza, *Agua: Un derecho humano fundamental* (Spanish Edition). Ediciones Abya-Yala. 2010.

Aglietta Michel,Lunghini Giorgio, *Sul capitalismo contemporaneo.* Bollati Boringhieri, 2001.

Allais Maurice *La Mondialisation. La Destruction des Emplois et de la Croissance. L'Évidence Empiriqu*e. Éditions Clément Juglar, Paris, 1999.

Ascheri Mario, *Tribunali, giuristi e istituzioni. Dal Medioevo all'età moderna*. Il Mulino, 1989.

Bajo, Pedro Baños, *Así se domina el mundo* (Spanish Edition). Grupo Planeta, 2017.

Bellabarba Marco, Schwerhoff Gerd, Zorzi Andrea, a cura di, *Criminalità e giustizia in Germania e in Italia. Pratiche giudiziarie e linguaggi giuridici tra tardo Medioevo ed età moderna*, Il Mulino, 2001.

Boff Leonardo, *Tra eresia e verità*. Chiarelettere, 2014.

Bompan Emanuele e Iannelli Mariarosa, *Water Grabbing. I conflitti nascosti per l'acqua nel XXI secolo*. EMI, 2018.

Borgna Enzo, *Le radici e la storia della professione forense.* Aracne Editrice, 2017.

Borsacchi Stefano, Pene Vidari Gian Savino, *Avvocati protagonisti e rinnovatori del primo diritto unitario*. Il Mulino, 2012.

M. Bourin, G. Cherubini, G. Pinto, a cura di, *Rivolte urbane e rivolte contadine nell'Europa del Trecento: un confronto*. Atti del convegno internazionale di studi (Firenze, 30 marzo-1 aprile 2006), Firenze University Press, 2008.

Caravale Mario, *Storia del diritto nell'Europa moderna e contemporanea*. Laterza, 2012.

Cassese Antonio, *L'esperienza del Male*. Il Mulino, 2011.

Cassese Sabino, *Chi governa il mondo?* Il Mulino, 2013.

Cengarle Federica, *Immagine di potere e prassi di governo. La politica feudale di Filippo Maria Visconti*. Viella, 2006.

Cochin August, *Lo spirito del giacobinismo: Le società di pensiero e la democrazia: una interpretazione sociologica della Rivoluzione francese*. Bompiani, 2014.

Colarizi Simona, *Novecento d'Europa: L'illusione, l'odio, la speranza, l'incertezza*. Laterza, 2017.

Cullinan Comac, *I diritti della natura: Wild Law*. Piano B edizioni, 2015.

Dani Alessandro, *Giovanni Battista De Luca*. Aracne Editrice, 2012.

Della Luna Marco, Cioni Paolo. *Neuroschiavi*. Macro Edizioni, 2009.

Di Blasi, Fulvio, *Ritorno al diritto: Miti e leggende della scienza giuridica moderna*. Phronesis, 2018.

Durkheim Émile, *Il suicidio: Studio di sociologia*. Rizzoli. 2011.

Esambert Bernard, *La Guerre économique mondiale*. Plon, 1990.

Ferrajoli Luigi, *La democrazia attraverso i diritti*. Laterza, 2013.

Gagliano Giuseppe, *Guerra economica e intelligence*. Fuoco Edizioni, 2013.

Gagliano Giuseppe, *Guerra psicologica*. Fuoco Edizioni, 2013.

Gagliano Giuseppe, *Deception*. Fuoco edizioni, 2014.

Galli Giorgio, Caligiuri Mario, *Come si comanda il mondo*. Rubbettino, 2017.

Galimberti Umberto, *L'ospite inquietante*. Feltrinelli, 2010.

Galimberti Umberto, *Il mito della crescita*. Feltrinelli, 2012.

Geiselberger Heinrich, a cura di, AA.VV. *La grande regressione: Quindici intellettuali da tutto il mondo spiegano la crisi del nostro tempo*. Feltrinelli, 2018.

Gentile Emilio, *Ascesa e declino dell'Europa nel mondo 1898-1918*. Garzanti, 2018.

Gentile Emilio, *L'apocalisse della modernità: La Grande Guerra per l'uomo nuovo*. Mondadori, 2008.

Glover Jonathan, *Humanity. Una storia morale del ventesimo secolo* Il Saggiatore, 2002.

Gozzi Gustavo, *Diritti e civiltà: Storia e filosofia del diritto internazionale*. Il Mulino, 2011

Gutierrez Gustavo, *Alla ricerca dei poveri di Gesù Cristo. Il pensiero di Bartolomé de Las Casas*. Queriniana, 1995.

Grillo Paolo, a cura di. *Signorie italiane e modelli monarchici, (secoli XIII-XIV)*. Viella, 2013.

Grossi Paolo, *Mitologie giuridiche della modernità*. Giuffrè, 2007.

Grossi Paolo, *Ritorno al diritto*. Editori Laterza, 2015.

Grossi Paolo, *Società, diritto, Stato. Un recupero per il diritto*. Giuffrè, 2006.

Grossi Paolo, *Ordine/compattezza/complessità. La funzione inventiva del giurista, ieri ed oggi*. Editore Satura, 2012.

Grossi Paolo, *L'Europa del diritto*. Laterza, 2016.

Hall David ed Lobina Emanuele, *Pubblico vs Privato. Le problematiche del servizio idrico in Inghilterra e nel Galles*, Edizioni Aracne, 2012.

Harbulot Christian, *Manuel d'intelligence économique*. (French Edition). Presses Universitaires de France, 2018.

Hathaway Oona A., *Gli internazionalisti*. Neri Pozza, 2018.

Irti Natalino, *Nichilismo giuridico*. Laterza, 2014.

Keynes John Maynard, *La fine del laissez-faire e altri scritti*, Bollati Boringhieri, 1991.

Koskenniemi Martti, *Il mite civilizzatore delle nazioni*. Laterza, 2013.

Laïdi Ali, *Le Droit, nouvelle arme de guerre économique* (Questions de société) (French Edition). Actes Sud Littérature, 2019.

Lemus J. Jesús, *El agua o la vida* (Spanish Edition). Penguin Random House Grupo Editorial México, 2019.

Leone Alice, Maddalena Paolo, Montanari Tomaso, Settis Salvatore, *Costituzione incompiuta: Arte, paesaggio, ambiente*. Einaudi, 2013.

Le Goff Jacques, *Gli intellettuali nel Medioevo*. Mondadori, 2016.

Lunghini Giorgio, *Conflitto, crisi, incertezza*. Bollati Boringhieri, 2012.

Maddalena Paolo, *Territorio, bene comune degli italiani*. Donzelli Editore. 2014.

Migliorino F., Pace Gravina G. a cura di, *Cultura e tecnica forense tra dimensione siciliana e vocazione europea*, Il Mulino, 2013.

Meniconi Antonella, *La «maschia avvocatura»*. Il Mulino, 2007.

MacMillan Margaret, *1914: Come la luce si spense sul mondo di ieri*. Rizzoli, 2013

Mini Fabio, *Che guerra sarà*. Il Mulino, 2017.

Mini Fabio, *La guerra spiegata a ....* Einaudi, 2013.

Mini Fabio, *Perché siamo così ipocriti sulla guerra. Un generale della NATO racconta*. Chiarelettere, 2012.

Mini Fabio, *Soldati*. Einaudi, 2008.

Mancini Pasquale Stanislao, *Diritto internazionale*. Marghieri Editore, 1873.

Mosse George L., *Le origini culturali del Terzo Reich*. Il Saggiatore, 2015.

Nazemroaya M. Darius, *La Globalizzazione della Nato*. Arianna Editrice, 2014.

Nichols Tom, *La conoscenza e i suoi nemici: L'era dell'incompetenza e i rischi per la democrazia*. Luiss University Press, 2018.

Nitti Francesco Saverio, *L'Europa senza Pace*. goWare, 2014.

Padoa Schioppa Antonio, *Avvocati e avvocatura nell'Italia dell'Ottocento*. Il Mulino, 2009.

Pareto Vilfredo, *La Prima guerra mondiale: Le cause, le conseguenze*. Editrice La Scuola. 2015.

Pichot-Duclos Jean, *Les guerres secrètes de la mondialisation*, Lavauzelle, 2004.

Pierantoni Augusto, *Storia del diritto internazionale del XIX secolo*. G. Margheri, 1876.

Pistor Katharina, *The Code of Capital*. Princeton University Press, 2019.

Piva G., Spantigati F., *Metastabilità giuridica*. Bulzoni, 1989.

Reybrouck David van, *Congo*. Feltrinelli, 2016.

Rodogno Davide, *Contro il massacro. Gli interventi umanitari nella politica europea 1815-1914*. Laterza, 2012.

Ruggeri Fedele e Ruggero Vincenzo, a cura di, VV. AA.. *Potere e violenza. Guerra, terrorismo e diritti.* Franco Angeli Editore, (Il punto), 2019.

Saunders, Frances Stonor, *La guerra fredda culturale*. Fazi Editore, 2013.

Sèmelin Jacques, *Purificare e distruggere. Usi politici dei massacri e dei genocidi*. Einaudi, 2007.

Scheler Max; Mancuso Giuliana, *Formare l'uomo. Scritti sulla natura del sapere, la formazione, l'antropologia filosofica*. Franco Angeli, 2011.

Shiva Vandana, *Campi di battaglia. Biodiversità e agricoltura industriale*. Edizioni Ambiente, 2013.

Shiva Vandana, *Fare pace con la terra*. Feltrinelli, 2012.

Simmel Georg, *Le metropoli e la vita dello spirito*. Armando Editore, 2013.

Susskind Richard, *L'avvocato di domani. Il futuro della professione legale tra rivoluzione tecnologica e intelligenza artificiale* (Italian Edition). goWare, Guerini Next, 2019.

Ssskind Richard, *The Future of the Professions*. OUP Oxford, 2015.

Alexis de Tocqueville, *L'antico regime e la Rivoluzione*. BUR, 2011.

Teubner Gunther, *La cultura del diritto nell'epoca della globalizzazione*. Armando Editore, 2013.

Todorov, Tzvetan, *I nemici intimi della democrazia*. Garzanti, 2012.

Vallerani Massimo, *Tecniche di potere nel tardo medioevo Regimi comunali e signorie in Italia*. Viella, 2010.

Volpato Chiara, *Le radici psicologiche della disuguaglianza*. Laterza, 2019.

Vigueur Jean-Claude Maire, a cura di, *Signorie cittadine nell'Italia comunale*. Viella, 2013.

Weber Eugen, *France: fin de siècle*. Harvard University Press, 1988.

Wolin Sheldon S., *Democrazia S.P.A*. Fazi Editore, 2013.

Zagrebelsky Gustavo, *Intorno alla legge: Il diritto come dimensione del vivere comune*. Einaudi, 2014.

Zagrebelsky Gustavo, *Contro la dittatura del presente. Perché è necessario un discorso sui fini*. Laterza, 2014.

Zoja Luigi, *La morte del prossimo*. Einaudi, 2010.

Zoja Luigi, *Paranoia*. Bollati Boringhieri, 2011.

Zoja Luigi, *Al di là delle intenzioni*. Bollati Boringhieri, 2017.

Zoja Luigi, *Giustizia e bellezza*. Bollati Boringhieri, 2007.

Zoja Luigi, *Contro Ismene*. Bollati Boringhieri, 2017.

Zoja Luigi, *Storia dell'arroganza. Psicologia e limiti dello sviluppo*. Moretti & Vitali, 2003.

Zolo Danilo, *La giustizia dei vincitori: Da Norimberga a Baghdad.* Laterza, 2014.